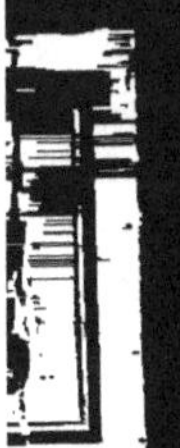

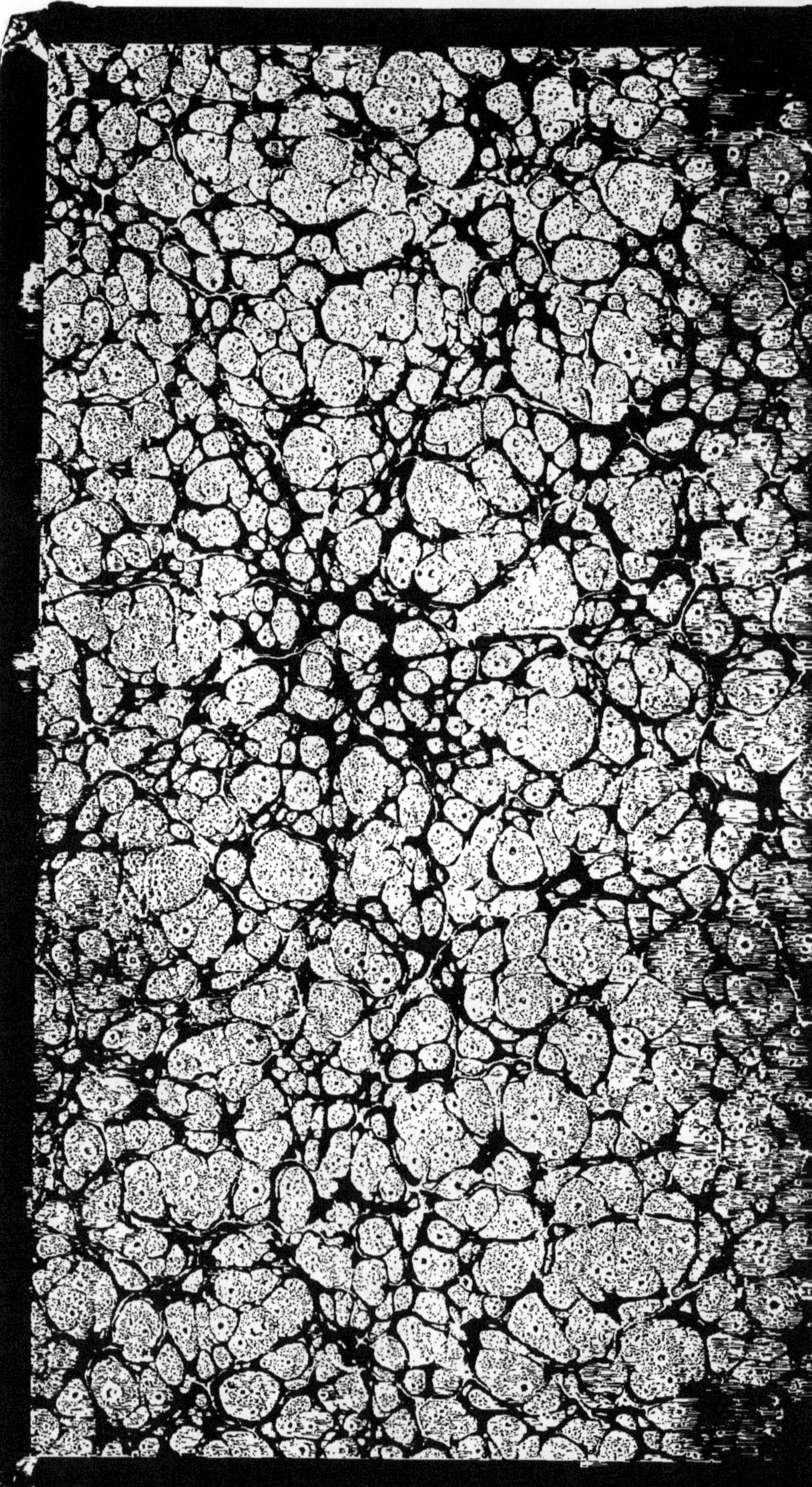

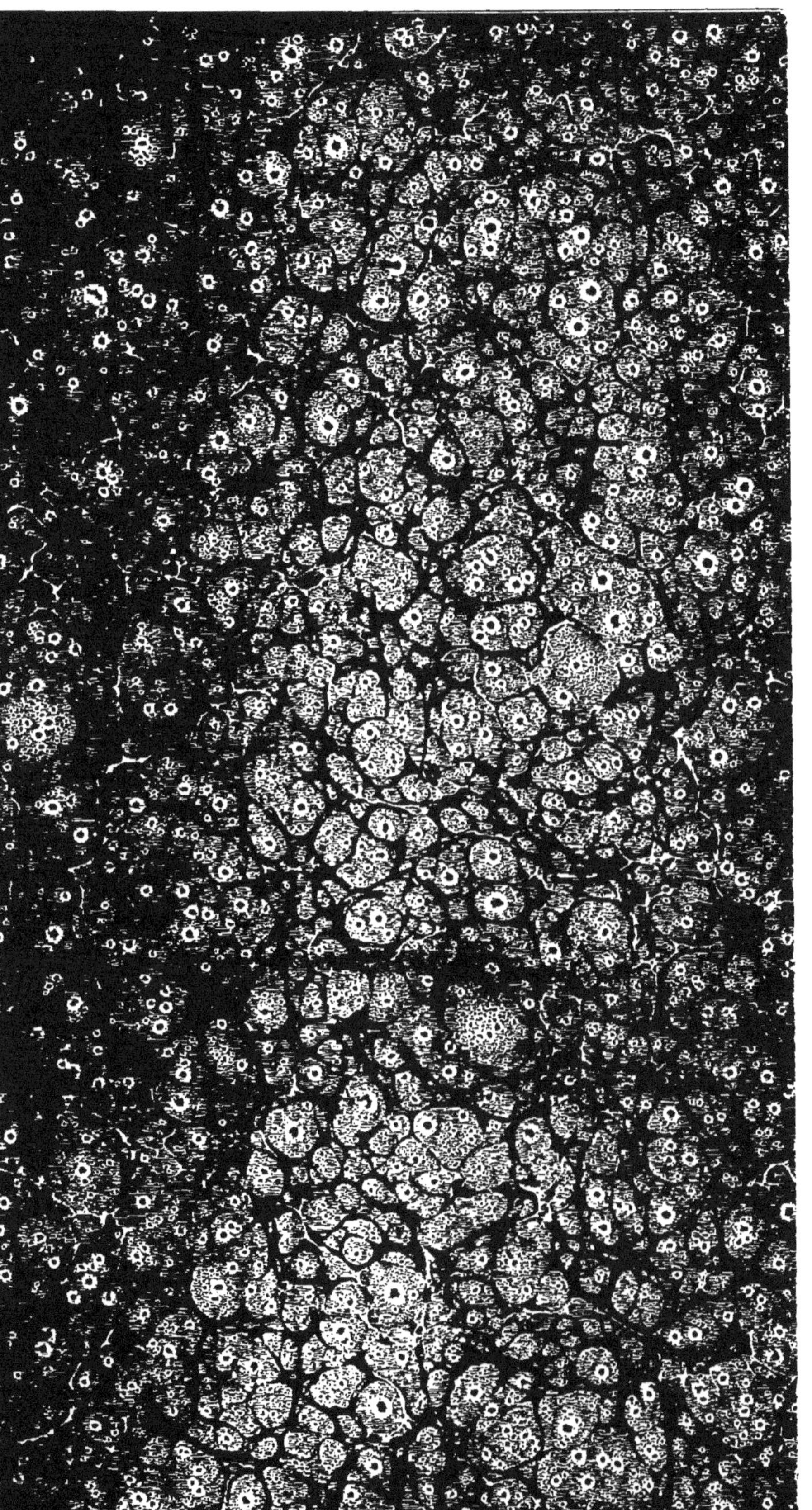

RECHERCHES

SUR

LE PATOIS

DE

FRANCHE-COMTÉ, DE LORRAINE ET D'ALSACE.

PAR S. F. FALLOT DE MONTBÉLIARD.

Fortunatus et ille deos qui novit agrestes!
Géorg. 2.

MONTBÉLIARD,
DE L'IMPRIMERIE DE DECKHERR.
1828.

A MESSIEURS LES MAIRES DES COMMUNES RURALES DES DÉPARTEMENS DU DOUBS, DE LA HAUTE-SAÔNE, DU JURA, DU HAUT ET BAS-RHIN, DES VOSGES, DE LA MEUSE, DE LA MEURTHE ET DE LA MOSELLE.

MESSIEURS,

J'ÉLÈVE un monument à votre langage. Les fondations en ont été jetées depuis des milliers d'années par vos pères, *vos vieilles et bonnes gens. Gens amica et antiqua.* Ce langage, comme vous pourriez le croire, et comme bien des savans l'ont cru mal à propos, ne doit pas son origine aux Romains, à ces ambitieux tyrans, qui parvinrent à vous subjuguer, en jetant des germes de division dans votre sainte alliance, dans cette confédération gauloise composée jadis de compatriotes et d'amis.

Ce langage existait bien des siècles avant que vous eussiez subi le joug du peuple Roi. Il vous appartient tout entier. C'est vous qui, les premiers, avez porté votre langage dans l'antique Ausonie, qui l'avez peuplée à réitérées fois de conscrits gaulois dont la mère patrie se soulageait souvent, à cause de son immense population. (a)

Vous avez dicté des lois aux Romains vos frères jusques sous les murs du Capitole. Mais ces Romains, vainqueurs à leur tour, après s'être rassasiés, à vos dépens, d'une gloire longtems disputée et achetée par des défaites sans nombre, ont cependant fini par vous laisser maîtres du champ de bataille dont vous avez emporté tout au moins votre langage, vos mœurs et vos habitudes. Ce butin a survécu aux révolutions que vous avez essuyées et dont vos vainqueurs ont été les victimes. Bref, le but de cet opuscule est de vous prouver que vous ne devez rien aux Romains ; que ce sont eux au contraire qui, dès le tems de la fondation de leur ville, ont reçu de vous leur langue et leurs premières institutions ; sans doute qu'ils ont su tirer parti de l'une et des autres, et qu'ils ont ennobli et perfectionné votre ouvrage et le leur. Mais leurs historiens les ont trahis et nous ont prouvé que

---

(a) Justin, liv. 24 et 25.

vous aviez habité avant eux, non seulement l'Italie, mais encore les bords du Scamandre et du Simoïs, (a) et qu'ils n'étaient rien moins qu'une colonie sortie des Gaules. Cette origine ne doit pas leur faire affront ; vous le leur avez fait voir plus d'une fois. Toutefois ces fiers rivaux, ces frères ingrats, quoique vos modèles sous plusieurs rapports, ont disparu avec leur langue, leurs arts et leur urbanité. Après les coups que lui ont portés les nations barbares de l'Orient, du Midi et du Nord, ce colosse dont la valeur, l'éloquence et les lois nous étonnent encore, n'a pu résister au choc des différens peuples qu'il avait humiliés. Il a fini par être englouti dans des révolutions politiques qu'il avait suscitées, mais dont au reste votre langage est sorti sain et sauf, comme nous avons tâché de l'établir dans les différens chapitres qui composent cet ouvrage.

Nous regrettons que notre style soit resté au-dessous du sujet. Ce défaut peut être racheté par la clarté que nous avons tâché de mettre dans ses développemens.

(a) Ammien Marcellin, liv. 13, cap 9.

Cet ouvrage pourra faire des mécontens et des incrédules; mais au reste, étayé de l'autorité des auteurs latins auxquels nous avons emprunté presque tous nos matériaux, il illustrera un langage négligé et par là même méprisé de nos philologues et de nos savans.

Je m'arrête, Messieurs, devant ce que j'ai à dire, et vous laisse juges de votre propre mérite et de celui de vos administrés.

RECHERCHES
SUR LE PATOIS.

CHAPITRE I.er

Contrées où l'on parle ce langage. Observations préliminaires qui annoncent son ancienneté.

Le Patois, ou le langage que parlent les habitans des campagnes du ci-devant pays de Montbéliard, n'est pas particulier à cette contrée. C'est aussi l'idiôme de ceux du ci-devant Porrentruy, de la partie de l'Alsace qui ne parle pas l'Allemand, des ci-devant provinces de Franche-Comté et de Lorraine, ainsi que des environs de Liége jusqu'à Trèves. En un mot ce langage est celui de tous les Départemens de la rive gauche du Rhin qui ne sont point occupés par des Allemands, depuis les gorges de la Suisse jusqu'aux confins de la Batavie.

Jean le Maire, dans son livre intitulé : *Illustration des Gaules*, liv. 3, nous indique une partie des pays où cette langue était usitée : en parlant de l'étendue du dernier royaume de Bourgogne, qui a fini en 1032, après en avoir marqué les limites, il ajoute : « Aussi s'étendait la domination dudit royaume sur trois » langues principales et différentes : c'est » assavoir germanique, romaine ou wallone » et italienne ; » il parle de la langue française au chapitre I du liv. 1, comme de la plus élégante et qui était usitée ès nobles cours ; et au chapitre 16 du même livre il détaille les endroits où se parle le patois, langue wallone ; voici ses termes : « Nous disons Roman-Brabant, à cause de la différence du langage, » car les autres Brabançons parlent thiois — » Et ceux-ci parlent le vieil langage gallique » que nous apellons Wallon ou Romand, et » en usons en Hainaut Cambresis, Artois, » Namur, Liége, Lorraine, Ardennes et en » Roman-Brabant, et est beaucoup différent du » français. » Cette langue wallone est la même que le patois des ci-devant provinces d'Alsace et de Franche-Comté. C'est sur ce langage que je me propose de faire quelques recherches. Il diffère essentiellement du Franck-Teutsch ou Tudesque qui était la langue usitée chez les grands et à la cour, sous les deux premières races de nos Rois, et qui quoique allemande s'appelait française, du nom des Francs qui l'avaient introduite dans les Gaules, mais nous verrons que cette langue tomba en désuétude, et que l'ancienne langue gallicane ou le patois, comme étant la plus généralement parlée, prit le dessus pour donner naissance à la langue française, et fit disparaître ce Franck-Teutsch aussi appelé Tudesque ou langue théotique.

Il est sans doute surprenant qu'une grande lisière de pays si éloignés l'un de l'autre, habités par des peuples ou peuplades, entièrement opposés de mœurs, d'habitudes et même de religion, qui depuis dix, douze et même quinze siècles, ont été sous des gouvernemens étrangers les uns aux autres, qui n'ont aucunes relations entr'eux, aient cependant une même langue, et que cette langue se retrouve sur le sommet des Vosges comme sur une partie des montagnes du Jura. Il est également étonnant que, sur toute la frontière des Gaules qui a été envahie la première par les Suèves, les Bourguignons, les Francs, les Alains et par des hordes des Barbares du Nord, dès les 3.e et 4.e siècles de notre ère,

ou use d'un même langage, que ce langage n'ait point été anéanti par les révolutions auxquelles ces pays ont été exposés et qu'il soit resté jusqu'à présent uniforme, à peu de différence près, dans ces contrées possédées pendant nombre de siècles et jusqu'à la révolution française par des souverains particuliers, qu'il se conserve, dis-je, au centre d'une langue dont les principes sont inculqués dans les écoles, tant par la lecture des livres, que par les instructions usuelles et pastorales qui sont données aux paysans dès leur bas âge, en raison de leur aptitude ou du désir qu'ils montrent de s'instruire; qu'enfin ce patois ne s'altère que très-légèrement, malgré le contact journalier qu'ont les campagnards avec les habitans des villes, pour affaires particulières, administratives et judiciaires, et qui toutes se traitent en français; tellement que d'après mon opinion, les savans apprendraient plutôt ce patois que les paysans et artisans ne pourraient s'en défaire. (a)

(a) Il en est à présent des dialectes patois comme du tems de Strabon qui dit des Gaulois: « Eadem non usque quoque lingua utuntur omnes, sed paululum variata. » Strab. liv. 4 in princip.

Ces considérations doivent faire présumer que cette langue est ancienne, et il a paru intéressant de faire quelques recherches sur son antiquité. Il est évident qu'elle n'a pu se former dans une si grande étendue de frontières et prendre un caractère uniforme depuis que les peuples qui la parlent sont soumis à des maîtres différens, ni même depuis que ces peuples ont été délivrés du joug romain, pour retomber sous celui des Barbares, qui se pressaient, se chassaient les uns les autres, en s'arrachant successivement les pays les plus rapprochés du Rhin.

La domination romaine a été à peine, pendant deux ou trois siècles, tranquille et assurée sur la plus grande partie de cette frontière des Gaules. Il semble que ce court espace de tems n'a pas été suffisant pour anéantir l'ancienne langue des habitans et pour lui substituer un langage nouveau auquel la langue latine aurait donné naissance; d'autant plus que, comme nous venons d'en faire la remarque, le français à présent parlé et compris des campagnards, ne peut anéantir ou défigurer une langue qu'ils bégayent dès le berceau et pour laquelle ils montreront toujours de la prédilection.

Il est au reste certain que les Gaulois de la

Séquanie dont nous nous occupons particulièrement, et qui habitaient le Jura, l'Alsace et les Vosges, qui avaient les Rauraques (a) et les Helvétiens au midi, le Rhin au levant, les Cattes, les Belges et d'autres peuples au nord, et les Eduens au couchant, parlaient une langue quelconque avant l'arrivée des Romains dans les Gaules. Quelle était cette langue? Des auteurs prétendent que c'était la theutone, (b) d'autres disent que c'était la celtique; d'autres enfin que c'était la gauloise proprement dite. Nous allons, dans les chapitres suivans, établir entre ces langues une différence telle, qu'on ne pourra plus douter qu'elles aient jamais été une seule et même langue; que la langue gallicane était déjà avant la conquête des Romains, une langue distincte de la Theutone et même de la Celtique, et que si on peut assigner à celle-ci un génie étranger à la langue allemande, il ne peut se retrouver que chez les peuples du Nord qui, sous le nom de Celtes, avaient très-anciennement envahi les Gaules et la Germanie,

---

(a) Les Rauraques étaient alliés des Séquanois.

(b) Voyez là-dessus Aventin, Annales des Boyens, page 23, etc.

et avaient laissé dans ces pays des traces de leur langue, qui au reste s'est insensiblement perdue, du moins dans les Gaules, les vaincus étant indubitablement plus nombreux que les vainqueurs. Enfin si le Gaulois n'eut pas été une langue particulière, distincte de celles mentionnées ci-dessus, où aurait-on pris la quantité de mots qui se trouvent dans cette langue et qui n'ont point leurs analogues dans les autres, ni même aucune ressemblance avec eux. Certes, ces mots ne sont point sortis tout façonnés de l'imagination de nos ancêtres, comme Minerve du cerveau de Jupiter, et il eut été plus commode pour eux de les emprunter des Theutons leurs voisins, ou des Romains leurs vainqueurs, que de se les procurer à leurs frais; d'ailleurs seraient-ils convenus de se servir des mêmes mots pour exprimer les mêmes choses, à des distances très-éloignées, et comment se les seraient-ils communiqués pour cela? Voici quelques exemples, pris sans choix, de la différence des mots dans ces langues.

Français.	*Latin.*	*Allemand.*	*Patois.*
Tonneau.	Dolium.	Fass.	Véché.
Trou.	Foramen.	Loch.	Petchu.
Canard.	Anas.	Ente.	Bourrai.

Français.	*Latin.*	*Allemand.*	*Patois.*
Niche.	Forulus.	Hœle.	Beuse.
Jardin.	Hortus.	Garten.	Quetchi.
Ecume.	Spuma.	Schaum.	Djoffe.
Grenier.	Horreum.	Bühn.	Soulie.
Guimauve.	Althea.	Heilwurtz.	Froumaidgeots
Bouche.	Os.	Mund.	Gordge.
Aigre.	Acidus.	Sauer.	Fie.
Lucarne.	Cœnaculum.	Dachloch.	Tschafa.
Attèle (bout de bois.)	Ferula.	Schindel.	Bocoliot.
Bardeau.	Scandula.	Dachschindel.	Tovolion.
Morceau.	Frustum.	Stück.	Lopin.
Gouter.	Merenda.	Abendbrodt.	Nouene.
Hanneton.	Stridulus.	Maikæfer.	Cancoire.
Soupirail.	Æstuarium.	Lufftloch.	Bieno.
Eglise.	Templum.	Kirch.	Motie.
Planche.	Assis.	Bret.	Lovon.
Haricot.	Faba.	Bohne.	Faiviole.
Coque.	Testa.	Nuszschale.	Ecreutche.
Marque.	Tessera.	Zeichen.	Soignot.
Punaise.	Cimex.	Wantze.	Teufion.

On pourrait multiplier ces exemples et citer une foule de mots patois qui ne sont empruntés ni au Latin, ni à l'Allemand; on prouverait aussi que ces mots ne sont pas non plus celtes, puisqu'ils ne sont pas les mêmes en patois, que dans le pays de Galles et la Basse-Bretagne, et que d'ailleurs ils ne se trouvent pas dans Bullet qui donne toujours une foule de mots pour exprimer la même chose et où l'on pourrait, pour ainsi dire, trouver l'étymologie des mots de toutes les langues. Quand on peut former des phrases entières patoises qui ne ressemblent nullement aux phrases correspondantes latines, ces phrases n'attestent-elles pas que les mots dont elles sont revêtues sont antérieurs au latin et qu'ils ne lui doivent rien de leur valeur et de leur signification? D'où ces mots proviendraient-ils, s'ils n'avaient fait partie d'une langue particulière aux Gaulois avant les conquêtes des Romains et l'irruption des Theutons dans les Gaules? Il paraît, d'après cela, que ce patois formait une langue très-ancienne, et que même les mots qui lui sont communs avec le latin peuvent lui appartenir d'origine; car pourquoi seraient-ils un prêt fait à la langue latine?

D'un autre côté on remarque souvent que dans les langues susdites, les mêmes mots signifient la même chose, comme:

Français.	*Latin.*	*Allemand.*	*Patois.*
Rond.	Rotundus.	Rund.	Rond.
Heure.	Hora.	Uhr.	Hure.
Chambre.	Camœra.	Kammer.	Tschambre.
Fenêtre.	Fenestra.	Fenster.	Fenétre.
Vent.	Ventus.	Wind.	Vent.

Français.	*Latin.*	*Allemand.*	*Patois.*
Etable.	Stabulum.	Stall.	Estale.
Mouche.	Musca.	Mucke.	Moetche.
Courge.	Cucurbita.	Kürbis.	Courdge.
Fruit.	Fructus.	Frucht.	Fru.
Nez.	Nasus.	Nase.	Nai.
Soleil.	Sol.	Sonn.	Seroïl.
Sel.	Sal.	Saltz.	Sâ.
Beurre.	Butirum.	Butter.	Beure.
Vin.	Vinum.	Wein.	Vin.
Jeune.	Juvenis.	Jung.	Djuene.
Cheminée.	Camœna.	Kamin.	Chemenai.
Prince.	Princeps.	Prinz.	Prince.
Nid.	Nidus.	Nest.	Ni.
Cuisine.	Culina.	Küche.	Cuesene.
Faux.	Falsus.	Falsch.	Fâ.
Corne.	Cornu.	Horn.	Coëne.
Barbe.	Barba.	Bart.	Bairbe.
Court.	Curtus.	Kurtz.	Couet.

et une foule d'autres expressions qui font supposer que le latin les a plutôt empruntées de l'Allemand ou du Patois, que ces dernières langues ne les ont prises de lui.

Malgré l'obscurité qui enveloppe les premiers âges d'une langue, de même que ceux d'un peuple, j'essayerai de rechercher le patois de nos contrées, sinon dans son origine, au moins dans une haute antiquité; je tâcherai de faire voir que ce langage existait déjà parmi les peuples gaulois longtems avant la conquête des Romains, que c'est la véritable langue gallicane, tout-à-fait différente de la langue celtique, mais que des autorités imposantes ont mal à propos identifiées jusqu'à présent; que cette langue a été celle des anciens peuples de l'Italie et que c'est elle qui, conjointement avec la langue theutonique, a donné naissance à la langue latine; qu'elle subsistait dans les Gaules et en Italie dans les plus beaux tems de l'empire romain, et qu'enfin le Français, tel que nous le parlons aujourdhui, ne s'est formé qu'en en revenant au génie de la langue gallicane, et en écartant les jargons que les Francs et d'autres peuples étrangers ont tâché de substituer à cette langue et à la latine.

On a cru généralement, et c'est une opinion reçue même parmi les savans, que le Français, l'Italien et l'Espagnol sont filles de cette langue latine; mais si celle-ci est fille elle même de la langue gauloise et de la theutone, comme nous tâcherons de l'établir, les premières leur devront aussi leur origine et resteront, si on peut s'exprimer ainsi, petites-filles des mêmes langues gauloise et theutone, c'est-à-dire, après s'être accomodées de ce qui leur convenait dans la langue latine, et s'être façonnées et polies à son école.

Je ne puis m'empêcher de transcrire ici une observation lumineuse et importante de l'abbé Girard. « Quand on observe, dit-il, le prodigieux éloignement qu'il y a du génie de ces langues à celui du latin (il parle de celles qu'on croit généralement dérivées de cette dernière), quand on fait attention que l'étymologie prouve seulement les emprunts et non l'origine, quand on sait que les peuples subjugués avaient leurs langues, lorsqu'enfin on voit aujourd'hui, de ses propres yeux, ces langues vivantes ornées d'un article qu'elles n'ont pu prendre de la latine où il n'y en eut jamais, et diamétralement opposées aux constructions transpositives et aux inflexions des cas ordinaires à celle-ci, on ne saurait, à cause de quelques mots empruntés, dire qu'elles en sont les filles ; ou il faudrait leur donner plus d'une mère... J'avoue qu'elles en ont tiré une partie de leurs richesses, mais je nie qu'elles lui soient redevables de leur naissance. Ce n'est pas aux emprunts ni aux étymologies qu'il faut s'arrêter pour connaître l'origine et la parenté des langues ; c'est à leur génie, et en suivant pas à pas leurs progrès et leurs changemens. La facilité avec laquelle les mots d'une langue passent dans une autre, donneront toujours le change sur ce sujet, au lieu que le génie de la langue se maintient au milieu de l'inconstance des mots et conserve à la langue le véritable titre de son origine. » Et ailleurs : « Si nous tenons du Latin un grand nombre de mots, nous n'en tenons pas notre syntaxe, notre construction, notre Grammaire, notre article le, la, les, nos verbes auxiliaires, l'indéclinabilité de nos noms, l'usage des pronoms dans la conjugaison ; » il pouvait ajouter nos *e* de trois espèces et tous les gallicismes de notre langue. (a)

Bullet et d'autres savans sont de cet avis ; c'est-à-dire, qu'ils ne croient pas la langue française fille de la Latine ; mais où Bullet s'est trompé, c'est d'avoir pris la langue celtique pour la langue gallicane. Je ferai ailleurs quelques remarques sur son Dictionnaire et sur les sources où il a puisé. Il suffit d'avoir indiqué dans ce chapitre le but du présent ouvrage et du travail qu'il nécessitera.

(a) Voyez au reste, Mémoires des Bourgougnons de la Franche-Comté, page 37, chap. intitulé : Des voix galliques et celtiques, in-folio. Le titre de l'ouvrage manquant, je ne puis nommer l'auteur.

CHAPITRE II.

Quelles étaient les langues des Gaules lors de la Conquête des Romains.

Les auteurs anciens nous disent que la Gaule était divisée en trois parties ou en trois peuples différens : les Belges, les Aquitains et les Gaulois - Celtes. Que la Marne et la Seine séparaient les Belges d'avec les Celtes ; que ceux-ci habitaient depuis la Seine jusqu'à la Garonne, et qu'au delà de la Garonne étaient les Aquitains. (a) César ajoute que ces peuples différaient de langue, d'usages, de coutumes et de lois. (b) Quelles étaient ces langues de la Gaule ? Etait-ce seulement des dialectes d'une même langue ou des langues différentes ? D'abord on ne peut pas douter qu'il n'y ait déjà eu du tems de César des peuplades ger-

(a) Gallia in tria populorum genera dividitur amnibus maxime distincta ; a scalde ad Sequanam, Belgica, ab ea ad Garumnam Celtica, eademque Lugdunensis, inde ad Pyrenæi montis excursum Aquitania, aremorica ante dicta. — Populorum comatæ Galliæ tria summa nomina sunt, terminantur que fluviis ingentibus. Plin. lib. 4, cap. 17.

(b) Cæsar de bello gallico, lib. 1, cap. 1.

maniques qui s'y étaient fixées. César nous dit que les Cimbres et les Theutons s'étaient une fois emparés de toute la Gaule. (a)

On connait au reste plusieurs peuples germains qui avaient passé dans les Gaules avant l'arrivée de César; Eburons, Tungres, Nerviens, Condrusians, Pemans, Ménapiens, Tréviriens, etc. Il en était resté une partie surtout dans la Belgique, dans les contrées du Bas-Rhin et parmi les Médiomatriciens, qui occupaient les Départemens du Bas-Rhin, de la Meurthe, de la Moselle, de Rhin-et-Moselle jusqu'à Cologne, Juliers et Aix-la-Chapelle. Il n'est donc pas douteux que la langue theutone n'ait été l'une de celles parlées dans les Gaules du tems de César. Il est à croire même que cette langue, et par conséquent les Theutons étaient répandus parmi les Eduens, puisque leur premier Magistrat portait un nom allemand. Vergobretus, Werck-obrecht ou Werg-Oberst, chef des affaires, chef de la république. (b) César, qui nous a conservé

(a) Quum omnem Galliam occupassent ut ante Cimbri teutonique fecissent — de bello gall., liv. 1, cap. 33.

(b) De Bell. gall. lib. 1, cap. 5.

ce titre de dignité chez les Eduéens, parle aussi dans un autre endroit des personnes qui s'engageaient au service des riches Gaulois et dont ceux-ci se faisaient accompagner, il les nomme Ambacti et Clientes. Il parait aussi que César avait pris ce terme des Eduens ou Gaulois-Celtes pour lesquels il marquait beaucoup de considération, et dont les principaux étaient toujours auprès de lui. Or ce terme *Ambacti* parait venir du mot allemand *pachten*, *anpachten*, louer, engager, prendre à gage, du participe de ce verbe César a fait le mot latin ambacti, engagés.

Les Eduens habitaient dans la partie des Gaules dite Celtique, du côté d'Autun et de Lyon. Ils étaient celtes d'origine, et conjointement avec d'autres peuples sortis très-anciennement de la Germanie, ils avaient fait prendre à la partie des Gaules dont ils s'étaient emparés, le nom de Gaule-Celtique. Ils furent menacés de l'invasion des peuples voisins du tems de César, qui ne prit les armes que sous prétexte de leur donner du secours contre les Auvergnats, Séquanois et Suisses-Allemands. Cette portion des Gaules parlait donc un langage vraisemblablement différent de celui qui était en usage en Séquanie et dans tous les pays indiqués ci-dessus comme parlant le patois d'aprésent ou l'ancien Gaulois. Il arriva aux Gaules, à l'occasion des Celtes, ce qui leur arriva quand les Francs subjuguèrent ce pays, c'est-à-dire, que ces derniers lui imposèrent leur nom comme les Celtes lui avaient imposé le leur lors de leur migration dans les Gaules.

Ces Celtes ne parlaient donc pas gaulois. L'abbé de Petiti, d'après d'autres autorités, prétend que l'Allemand est un reste de l'ancienne langue celtique. Effectivement, dit-il, la plupart des mots reconnus pour celtes et conservés dans les auteurs anciens, sont en usage dans la langue tudesque. La langue celtique avait la même rudesse que celle-ci ; (a) comme elle, elle multipliait les consonnes et il suffisait de l'entendre parler pour juger de la barbarie des peuples qui s'en servaient.

Or je prétends, d'après cela, et comme il sera encore établi plus explicitement ci-après, que les Celtes n'étaient pas les anciens peuples des Gaules, mais que les Romains auront très-

(a) Vidi barbaros qui trans Rhenum sunt, Canentes agrestia carmina, verbis facta, quæ avium aspere clamantium stridorem referebant. Julianus Misopog, p. 337.

probablement donné le nom de Celtes à tous les peuples gaulois, theutons, goths et autres qui étaient pour eux transalpins, et qui s'étaient établis en Europe sous diverses dénominations, après la première migration des Asiatiques dans ces contrées. Aussi pour peu qu'on donne d'attention à ce qu'ont écrit les auteurs touchant les Celtes, on demeure convaincu que presque tous les peuples de l'Europe ont reçu d'eux indistinctement le nom de Celtes; que les Germains eux-mêmes ont été appelés Galates ou Gaulois. Comme les Celtes conquirent une fois une partie des Gaules où ils s'établirent, les Gaulois avant eux, avaient aussi formé des établissemens au milieu des nations germaines et donné leur nom aux peuples conquis. (a) Il est au reste certain qu'à raison de leur voisinage et des irruptions fréquentes qu'ils faisaient les uns chez les autres, ils ont été regardés par quelques auteurs comme un seul et même peuple. Diodore de Sicile, liv. 6, appelle Galatia magna les pays situés entre le Rhin et le Danube jusqu'à la Scythie, tandis que

---

(a) Justin, liv. 24 et 25, dit entr'autres des Gaulois, ut ea tempestate, Asiam omnem velut examine aliquo implerent.

Ptolomée appelle ces mêmes pays, *magna Germania*.

Après le Theuton, qui se parlait dans une partie des Gaules comme nous venons de le voir, César dut y trouver encore deux autres langues, savoir, la Gauloise et la Celtique; à moins qu'on ne suppose que le Theuton et le Gaulois n'aient été une même langue connue sous cette dénomination de Celtique. On ne doit au reste plus s'étonner de voir mettre une différence entr'elles d'après ce que nous venons de dire. Quoiqu'il en soit, on sait que les nations germaine et gauloise ne parlaient pas une même langue, ou que si leurs langues avaient eu une même origine, la suite des siècles en avait fait des idiômes bien différens.

On ne peut douter que les Gaules n'aient été habitées dès les premiers âges du monde. Les Gaulois avaient peuplé l'Italie et y dominaient long-tems avant la fondation de Rome. C'était déjà un peuple formé qui avait ses sages et ses philosophes. (a) Ils étaient les pontifes

(a) Sagi primi tusci, id est pontifices et sacri expiatores M. p. Cato orig. p. 19. Les anciennes institutions gauloises s'étant corrompues, les sages furent ensuite envisagés comme des devins, d'où

de cette nation qui n'adorait qu'un seul Dieu, à qui elle n'élevait ni temples ni statues.

Ces premiers Gaulois qui s'étaient avancés du côté du midi, ne portaient que le nom de Gaulois ou de Galates. C'était le nom que les Grecs et les Romains leur donnaient. Il n'y avait, suivant César, que ceux qui habitaient entre la Garonne, la Marne et la Seine qui prissent le nom de Celtes ou Gaulois-Celtes; et cela, parce que les dernières hordes celtiques qui y vinrent, y apportèrent soit une nouvelle langue, soit un nouveau dialecte différent de la langue des anciens habitans. La domination de ces nouveaux venus s'étendit, ainsi qu'on l'a vu, sur le centre des Gaules seulement, qui retint le nom de la nation conquérante, comme la langue patoise du midi de la France prit par vanité le nom de Romaine, quoique ses habitans n'aient pas cessé de parler leur ancien langage, et comme aujourd'hui ce langage se nomme français quoiqu'il ne soit

---

est venu le mot latin *sagus*, que les Romains ont pris dans ce sens et notre mot *présager*. Le mot *sage* vient peut-être de l'Allemand *sagen*, dont on fait *Wahrsager*. Le vieux Allemand disait *bar* pour *wahr*, delà sans doute le mot *bardus*. Vid Aventin verbo bar in nomenclatura.

rien moins que celui des Francs. On peut donc soutenir avec vraisemblance que la langue proprement appelée celtique, n'était pas la langue des Gaulois, attendu que les restes connus de cette langue annoncent un langage bien différent de celui dont il est resté des traces dans les Gaules et surtout dans la partie des Gaules où les Romains ont le moins long-tems séjourné; car cette langue celtique n'a pas plus transmis son génie, son caractère, ses mots, ses tournures à la langue que nous parlons, ni à celle que nos pères parlaient il y a 12 à 15 siècles, qu'elle ne les a transmis aux langues gothique, latine, theutone, islandaise, runique, suédoise, qu'on regarde toutes comme filles de cette mère langue. (a)

D'ailleurs une langue se perd très-difficilement: c'est le premier héritage que les pères laissent à leurs enfans. Un peuple conquis fait adopter sa langue à ses conquérans, si ceux-ci ne sont pas le plus grand nombre. C'est ce qui est arrivé aux Francs transplantés dans les Gaules; c'est aussi ce qui a dû arriver aux Celtes ou à la plus grande partie des Celtes.

(a) Mémoires sur la langue celtique, par Bullet.

Pour anéantir une langue, il faut anéantir le peuple qui la parle, ou le confondre, n'importe comment, avec un peuple plus nombreux, dont il soit obligé d'adopter les habitudes, les mœurs, les usages et par conséquent le langage. Les Gaulois qui habitaient les provinces frontières (maxima Sequania) n'auraient pu se confondre qu'avec les Allemands. Mais nous connaissons les lieux où la langue allemande a pris le dessus, et c'est près de ces lieux et même au centre des Allemands que nous trouvons un idiôme très-ancien, qui a un caractère différent de la langue qu'on regarde proprement comme celtique.

Les Romains n'ont pu porter la leur jusqu'au sommet des montagnes et dans des contrées où leur domination n'a été que de courte durée, où elle n'a eu qu'une existence précaire continuellement troublée par les invasions des Germains. Il parait de là que la langue celtique, telle qu'on croit la connaître par l'idiôme qui se parle aujourd'hui dans la Basse-Bretagne et dans le pays de Galles, n'a pas donné naissance au patois des frontières du Rhin, et que ce patois ne peut également pas venir de la langue latine qui n'y a jamais pénétrée, du moins pour ce qui concerne la conversation et l'usage habituel. Il faut donc en conclure que le patois ou Wallon était dès les premiers tems un dialecte différent du Celtique et du latin. Il y a plus: je vais faire voir que la langue celtique et la langue gallicane étaient déjà distinguées par les auteurs anciens. On en a une preuve dans Sulpice Sévère qui écrivait sous Julien l'apostat, lorsqu'il fait dire à l'un des interlocuteurs qui racontent la vie de saint Martin, « *tu vero vel Celtice, vel si mavis Gallice loquere.* Voudrait-on supposer que la langue qu'il appelle Gallique était déjà un latin corrompu et que c'est celle que dans la suite on appela Romane? On se tromperait sans doute, puisque dès le second siècle de notre ère on appelait indistinctement la langue des Gaulois, langue gallique ou thusque, comme on le voit dans ce passage d'Aulugelle: » *Post deinde quasi nescio quid tusce ant Gallice dixisset, riserunt omnes.* Cette langue gallique était donc la même que la langue thusque ou tusque, et on ne pourrait pas dire que dès le second siècle la langue romane s'était déjà formée et qu'elle s'était répandue dans les Gaules comme dans la Toscane pour recevoir indifféremment le nom de Gallique ou Tusque.

Jean le Maire appelle Wallon, le langage qu'on nomme Patois dans nos contrées, il dit que c'est, le vieil langage gallique, et en effet le mot Wallon peut bien être le même que celui de Gaulois. Dans la prononciation rude des anciens Celtes, *wall* et *gwall* était un même mot qui signifiait *forteresse*, *défense.* (a) Les Romains en ont tiré le mot *vallum* et les Allemands celui de *gwalt*, *gewalt*, *gewaltig ;* en adoucissant la prononciation on a dit *gallus* au lieu de *gwallus* et de *gwallatæ.* (b)

L'ancien nom de Rome, qui était Valence peut avoir la même étymologie d'après le dialecte des Gaulois qui s'y établirent les premiers et lui donnèrent ce nom. On se servait encore du mot de Valence dans le 13e siècle, et c'est de ce mot qu'on trouve dans le patois celui de *weillance* ou *vouillance* qui a fait *vaillance* en français (c) et le verbe *gwoillai* ou gouaillai,

---

(a) Vid Bullet aux mots *Wall* et *Gwall.*

(b) Les Grecs appelaient tous les Gaulois, Galates. Amm. Marcell. lib. 15, c. 9. Galatas enim gallos sermo græcus apellat.

(c) Italus filiam suam Romam nomine, siculis et aboriginibus in latio præfuit, quæ relicta Capenna

faire le vaillant ou se jacter, ainsi que *gwallu* ou gouaillu, *glorieux*, *fanfaron*, dont les Romains ont fait le mot *Gallus*. (a)

Le nom de Patois qu'on a donné a cette langue wallone ou gallique, parait venir du mot thiois qui servait à nommer sous les deux premières races, le langage rude et grossier que les Francs avaient apporté dans les Gaules. Pour distinguer de cette langue des Francs le langage des campagnes qui était également rude et grossier, on l'appela le Thiois du pays. C'est ce que parait signifier le mot patois. On disait ci-devant et on dit encore dans quelques endroits le *pa* ou paë pour le pays. On a dit *paëthois* et par abréviation, *patois* pour désigner le langage du bas peuple.

Les personnes d'une classe plus relevée se

Medium palatinum tenuit et in vertice ubi hæret exquilion Romam oppidulum condidit quod Valentiam sonat. Q. fab. Pictor l. 1, pag. 72. Sunt qui videri velint Romæ vocabulum ab Evandro primum datum, cum oppidum ibi offendisset quod extructum antea Valentiam dixerat juventus Romana. J. S. Polyhistor cap. 1—252. Vid. Dictionnaire du vieux langage de Lacombe. — Valentia force puissance suivant Solin.

(a) Des auteurs prétendent que *gallus* en celtique signifie *blanc*.

firent très long-tems honneur, après la conquête des Francs, de tenir aux mœurs, aux usages et à l'ancien gouvernement de Rome; on mélangeait quelques tournures et quelques mots latins au Wallon ou à la langue gallique, et on croyait parler latin, ou au moins faire usage de la langue romaine. Pour échantillon du latin que ces Messieurs parlaient au 6e siècle, voici le couplet d'une chanson faite à l'occasion d'une victoire remportée par Clotaire II, sur les Saxons; on la trouve dans la vie de saint Faron.

» De Clotario est canere Rege francorum
» Qui ivit pugnare cum gente Saxonum,
» Quam graviter provenisset, missis Saxonum
» Si non fuisset inclitus, Faro, de gente burgundionum. »

Cela même alla si loin, (a) qu'enfin ceux qui parlaient simplement patois, nommèrent leur langue, Romane ou Romance, delà vient que la haute Alsace, où l'on parle patois, se distingue encore de la partie allemande, en se donnant le nom de pays Roman, et si on de-

---

(a) On trouve cette expression : Guerram facere, ainsi que d'autres semblables dans les écrits des 12 et 13e siècles. Cela prouve combien le latin dégénéra dans les tems d'ignorance. Vid. Bulla aurea in fine, etc.

mande à un paysan de cette contrée quelle est la langue de son village, il répond que c'est la romaine. On verra ci-après ce qu'était proprement la langue Romane ou le jargon qui se forma du Latin et du Gaulois, jargon bien différent de la langue vulgaire ou du patois dont nous nous occupons.

CHAPITRE III.

Traces du Patois conservées dans les auteurs anciens qui prouvent l'ancienneté de cette langue, et qu'elle se parlait en Italie.

La grande quantité de mots communs tant à la langue latine qu'à la langue gallicane ou au patois, a fait croire que celui-ci en est dérivé. On a pu penser que les Romains avaient laissé un jargon corrompu de leur langue dans les Gaules.

Cependant si l'on fait voir qu'il reste des traces de patois dans les auteurs anciens, que la langue latine elle-même avant qu'elle soit formée se rapprochait beauconp du patois, qu'il se trouvait dans l'ancien Latin, (prisca lingua) bien des mots qui s'étaient perdus dans les beaux siècles de Rome, et qui se trouvent encore aujourd'hui dans le Patois, il en résultera la preuve que ce n'est pas la langue des Romains qui a donné naissance à la langue des Gaules, mais qu'au contraire celle-ci est plus ancienne que le Latin.

On a déjà dit que le nom Gallus, que les Romains donnaient aux Gaulois, existe encore dans le mot patois *gwoillu* ou gouaillu, et même dans une signification qui ne laisse guères douter que ce ne soit la véritable désignation que les Romains donnaient aux peuples des Gaules.

Nous lisons dans les historiens romains que Romulus, après s'être établi à Rome, en divisa l'enceinte en trente cours. (a) Ce mot *cour*, *curia*, ne peut signifier autre chose qu'un arrondissement. Nous le trouvons dans ce sens par toute la France, formant la terminaison d'une foule de villes ou de villages. Il s'en trouve plus de dix à un myriamètre de Montbéliard qui ont cette terminaison ou celle de Courcelles, qui en est le diminutif. Le mot *curia*, dans les beaux tems de la république, et par conséquent lors de la conquête des Gaules, n'avait plus cette ancienne signification et n'était plus employé que pour signifier un palais, un temple, un hotel public ; ce n'est donc pas la langue latine qui a donné au Patois le mot *cour* dont la signification est restreinte aujourd'hui à une petite enceinte près d'une maison, ni le mot *courtil*

(a) Pomp. lœtus de Rom. magist.

ou curtil (*ketchi* patois), qui signifie un petit enclos, un jardin.

Il parait donc que Romulus avait pris le mot de *cour* ou curie de la langue des Gaules, ce qui sera plus évident, lorsqu'on aura fait voir que les anciens Romains étaient Gaulois.

Marcus Porcius Caton dans les fragmens qui nous restent de son livre sur les origines, dit que les Gaulois s'étant avancés en Italie, chassèrent les Etrusques de toute l'Umbrie et s'en emparèrent, excepté d'une petite portion où était l'ancienne race des Veyes, et il ajoute: *Veil ombram id est veyam prolem, antiquam umbram dicunt.* Or le mot *veil* est tout-à-fait patois dans la même signification; On dirait aujourd'hui *veil ombrie* pour *ancienne Ombrie*, comme on dit encore *veil Alsace.*

Le même auteur dit que les Gaulois avaient changé le nom de l'Eridan en donnant à ce fleuve un nouveau nom tiré de celui d'un arbre des environs qui fournit de la poix. *Padus ante Eridanus a circa arbore picca, gallice padus noncupatur.* (a) L'Eridan fut appelé le Pô et il conserve encore ce nom.

(a) Voyez aussi Plin. liv. 3, chap. 6.

Le mot *pô* signifie en patois de la *poix*, de-là vient *emposai*, enduire ou frotter de poix dans le sens propre, et embarrasser dans un sens figuré. Pô, embarras, difficulté.

Une exclamation patoise, *male set lai po*, est comme si l'on disait, *maudite soit la difficulté* ou *diale lai pô* ou *lai poix*, au diable la difficulté. Les Gaulois arrêtés sur les bords du Pô, dûrent se servir de cette exclamation. L'Eridan était pour eux un objet de pô, de difficulté, et en disant *voilai lai pô*, ils donnèrent ce nom à ce fleuve. Quoiqu'en dise Caton, il est plus vraisemblable que *Pô* vient du sens figuré du mot *pô*, difficulté, que d'un arbre à poix qui croissait aux environs de ce fleuve.

Au mot *pô* ou pau les Romains ajoutèrent un *d* comme ils le faisaient, avant que leur langue fut formée, à la fin de tous les mots qui finissaient par une voyelle (a) et en ajou-

(a) Voyez l'inscription qui se trouve sur la colonne rostrale qui fut consacrée à la gloire du consul Duillius, après la bataille navale qu'il remporta sur les Carthaginois dans la première guerre punique. Cette colonne existe encore à Rome; on y trouve, pugnandod dictatored, altod, prædad, navaled, pour pugnando, dictatore, alto, præda, navale, etc.

tant une terminaison en *us*, ils firent *Padus.* Néanmoins le nom pur et simple de Pô lui est resté. (a)

Sulpice Sévère, qu'on a déjà cité dans le chapitre précédent pour établir que le celtique proprement dit et le Gaulois étaient des langages différens, fait dire à l'un des interlocuteurs qui racontent la vie de saint Martin, que Martin s'asseyait sur une petite chaise de paysan, que les Gaulois appellent *tripet* (b), mot encore usité chez nos campagnards.

On trouve dans César que les seigneurs gaulois avaient auprès d'eux des hommes dont l'attachement était si fort, qu'ils leur étaient dévoués à la vie et à la mort. Ces hommes étaient appelés *soldurii.* (c) Le mot *soldarius*

(a) Le Pô est aussi appelé Podincus par certains auteurs.

(b) Sedebat Martinus in cellula rusticana ut est in usibus servulorum, quam nos rustici galli tripetias, vos vero scholastici aut certe tu qui de græcia venis tripodas noncupatis. Sulp. Sever.

(c) Devoti — quos illi soldurios appellant, quorum hæc est conditio ut omnibus in vita commodis una cum his fruantur quorum se amicitiæ dediderum, si quid eis per vim accidat aut eundem casum una ferant, aut sibi mortem consciscant.

se conserve encore dans celui de *soldat*. On dit soldarieur et soldoyer.. Lacombe dict. du vieux langage. On dit en patois *soudar* et *sudai*. Tous ces mots dérivent du verbe *soudai* ou sudai, qui est le même que *souder* en français et signifie unir étroitement, d'une manière indissoluble. On retrouve donc dans le mot patois *soldurie* ou sudai précisément le même sens que César lui attribue d'après les renseignemens qu'il avait pris chez les Gaulois.

Différens auteurs latins nous rapportent plusieurs autres termes gaulois. Suetone (a) nous dit que *beccus* est un mot gaulois qui veut dire bec, *rostrum*. Columelle, *arapennis*, arpent. On trouve dans Festus *bardus*, pour chantre; on dit encore en patois *bardoler* ou bredoler, pour s'amuser à des chansons. *Benna*, une benne, chariot gaulois. Dans Pline, *ganza* pour une oie; on dit en patois une *ganze*, un *ganzai*.

Ce n'est pas des Romains que nos paysans ont pris les mots *ales*, latin ales, ailes, volatille, oiseau; *coutre*, culter, soc de charrue;

(a) A la fin de la vie de Vitellius.

occai, occare, pour herser; *aïe*, *aïo*, pour oui; *errai*, arare, pour labourer; *laigres*, lachrumæ, pour larmes; car pourquoi auraient-ils échangé leurs vieilles expressions nationales, celles qui leur étaient nécessaires et indispensables, contre de nouvelles dont ils pouvaient se passer au moyen de celles qui leur étaient acquises et que l'usage avait consacrées.

On voit dans Diodore de Sicile, liv. 5, que *lancea* est un mot gaulois qui signifie lance, ainsi que *spata*, épée. On trouve dans tous les auteurs *gens* pour famille, *gens Fabia*, la famille des Fabius. Ce mot a conservé le même sens en patois. *Chez nos gens*, *chez ses gens*, veut dire, dans ma famille, dans sa famille, dans sa parenté. Catulle se sert de *culus*, pour le derrière, le cu. *Lampas* ne peut venir que du patois lampe, puisque ce mot est le même en allemand pour signifier la même chose; il en est de même de *salgama* (Columelle et Ausone), pour salade, en allemand *Salat*.

On trouve que des auteurs des 5e, 6e et 7e siècles se servent des expressions suivantes: *Vestitum lineum quod Camisium* (chemise) *vulgo vocant.* — Prætereo quod me *follem* verbo rustico apellasti. — Navibus magnis quas nostrates *barguas* (barques) vocant. On dit aussi *nai* en patois. — Ego dono ad ignem omnes arbores meos præter *chaisnum* et *fraxinum*. (a)

Saint Isidore dit que *knabat*, en celtique, signifie fils; mais knabat est knab, mot de la langue allemande qu'il appelle Celtique. Ce n'était pas un mot gaulois, quoique le patois ait aussi un mot commun avec l'Allemand, *Bouebe*, pour signifier la même chose. — *Rheda*, qu'un auteur nons donne pour un terme gaulois, vient aussi de l'Allemand. *Reiter*, écuyer; c'était aussi le nom d'un charriot. (b) Pline appelle *Bergos* des montagnards. — *Lande*, pays stérile, conservé en français, vient du Theuton *Land*. (c) Suetone dit que *Galba* veut dire gras en gaulois. Ce

(a) Vid. Bullet, page 27.

(b) *Rittai*, patois, signifie courir.

(c) Strabon dit : Germanos legitimos fratres cognatos que Gallorum, legibus moribus lingua que esse. Les anciens, en confondant ces deux peuples, les supposaient parler la même langue. Aussi ne doit-on pas s'étonner si des auteurs ont donné pour gaulois des termes qui sont réellement theutons. Vid. Aventin Ann. Boiorum, lib. 1, p. 22 et 23.

mot ne s'est pas conservé dans le patois; mais *galb*, suivant Bullet, dict. celt., a cette signification. L'Allemand dit *Salbe*, onguent, *salben*, oindre, et comme Galba était originaire d'Allemagne, c'est peut-être son nom de Salb ou gesalbt qui lui avait fait prédire qu'il serait un jour empereur. Vid. Tacit. — Cherchez des gallicismes, vous en trouverez dans les meilleurs auteurs; dans Térence, *dare bibere*. Dans Pline, *amare bibere*. César rapporte que les Gaulois se disaient tous les enfans ou les descendans de Dis. En s'informant de leur religion ils lui disaient: *nos cognochan Due pou notre paire*, agnoscimus Deum pro patre nostro. Ce terme *Due* (a) sonnait aux oreilles de César, comme s'ils eussent prononcé *Di*, et le mot Di lui a paru avoir du rapport avec le Dieu que les Romains connaissaient sous le nom de *Dis*. Gâlli se omnes a Dite patre prognatos prædicant de bell. gall. lib. 6, cap. 18.

(a) Les Romains avaient comme les Allemands un *u* voyelle qu'ils prononçaient *ou* comme *Deous*. L'*u* français ils l'exprimaient par *i*, comme le font encore les Allemands — voyez un passage de Quintilien rappelé dans le traité des Etudes de Rolin, que je ne puis citer à présent; au reste ils prononçaient *coucoulous* et non cuculus.

On a déjà dit que les anciens Gaulois n'admettaient qu'un seul Dieu, et qu'ils ne croyaient pas même qu'il fut permis de lui élever des temples. Ce Dieu était le Jupiter ou père du jour dont parle Soranus qui vivait du tems de Trajan.

Jupiter omnipotens rerum regumque Deumque
Progenitor, custos hominum, Deus unus et omnes. (a)

Ce n'est pas que je veuille excuser ici leur

(a) Galli religione haud quaquam negligens gens est; Tit liv. décad. 1. Voici comme les Romains comprenaient cette religion :

Non bove mactato cælestia numina gaudent
Sed quæ prestanda est et sine teste fides. (Ovid.)

Vid. l. XII, tab. de cultu Deor. Caton dit aussi :

Si Deus est animus, sit pura mente colendus :

On prétend que les Gaulois adoraient la lune sous le nom d'*Helanus* ou d'Hélène ; c'est encore son nom patois d'aujourd'hui, *lé lène ;* ce culte consistait sans doute à attacher à son influence des idées superstitieuses, et à consulter ses phases dans diverses circonstances du tems et de la vie, comme c'est encore l'usage dans nos campagnes. Vid. Don Martin hist. des Gaulois. Au reste il était reçu en principe chez les Druides, que la lune guérissait les maladies et purifiait les malades. C'est aussi ce que semble signifier son nom allemand, ou si l'on veut celtique. *Mon* ou *Mond* dont les Latins ont fait *mundus*, net, pur ; les Français leur verbe monder, nettoyer, et l'adjectif immonde, etc.

culte superstitieux et leurs sacrifices humains, qui révoltèrent les Romains au point que Claude et Tibère forcèrent les Druides à quitter les Gaules et à se retirer de l'autre côté du Rhin. Ces proscriptions apportèrent sans doute une réforme dans la religion des Gaulois et firent disparaître les sacrifices humains qu'ils offraient à leurs mauvais génies Theutates et Hésus. (a)

Il serait possible de retrouver un assez grand nombre de mots patois ou gaulois dans les auteurs anciens, grecs et latins. Mais il est vraisemblable qu'une grande partie de ces mots ont été défigurés soit par les copistes, soit par les auteurs eux-mêmes.

Au reste, ce qui démontrera combien ce langage de nos campagnes est ancien, c'est sa grande ressemblance avec le latin des premiers siècles de Rome. En effet, si le patois ressemble plus à l'ancien latin qu'à la langue des Romains telle qu'ils la parlaient après la conquête des Gaules, si on trouve dans le patois une foule de mots qui ne se sont pas

---

(a) Vid. sur la fonction des prêtres gaulois. Amm. Marcellin, lib. 2, cap. 15.

conservés dans le latin des beaux tems de Rome, il en résultera que le patois est bien plus ancien que l'arrivée des Romains dans les Gaules; que ce ne sont point les Latins qui l'y ont apporté; mais qu'au contraire ce sont eux qui avaient auparavant reçu ces mêmes mots de la langue des Gaules. On en induira également que les Gaulois avaient apporté leur langue à Rome dès le tems de la fondation de cette ville; que la langue latine est une fille de la gauloise, et que cette première, en conservant le fond des mots gaulois, a pris un caractère particulier, qui s'est formé du mélange et du génie des différens langages des peuplades indigènes qui se joignirent dans le centre de l'Italie à des hordes gauloises, pour fonder un nouveau peuple et un nouvel état. Mais avant de montrer combien le patois a de ressemblance avec l'ancien latin, je présenterai quelques observations sur la manière dont les Romains prononçaient leur langue dans les premiers tems.

On ne peut pas douter, en lisant les vieux auteurs latins et surtout en faisant attention à la prosodie de cette langue, que les syllabes finales des mots qui se terminent par une voyelle ou en *is*, *us*, *am*, *em*, *im*, *um*, n'ayent été muettes dans l'ancien latin, et que ces syllabes restèrent long-tems muettes dans le langage ordinaire du peuple. Pour s'en convaincre, il ne faut qu'ouvrir les anciens écrivains de Rome et surtout les poëtes.

Dans ces vers de Lucrèce, liv. 1.er :

Nam fierent juvenes subito ex infantibus parvis
Quorum nil fieri manifest est.

il fallait, en lisant, prononcer comme en français subite, manifeste, infantibe.

Plaute est rempli de ces élisions ou plutôt de syllabes muettes au lieu de syllabes sonores à la fin des mots; ce qui prouve que de son tems on disait *serve* au lieu de *servus* ou de *servos ; pople*, *poplus* ou *poplos* pour populus, *salutar* pour salutaris.

Ce vers de Virgile :

Monstrum horrendum, informe, ingens cui lumen adempt est.

aurait été insoutenable à l'oreille, si les poëtes n'avaient pas conservé le droit d'employer des syllabes muettes, ou plutôt si une prononciation vulgaire encore dans les beaux tems de la langue latine, ne leur eut permis d'élider certaines syllabes finales au-devant des voyelles, il fallait nécessairement lire ce vers comme nous le ferions en français.

Monstre horrende informe ingens cui lumen adempt est.

On voit par là, la vérité de la proposition que j'ai avancée. On sait aussi que les Romains furent très long-tems avant d'admettre dans le style relevé des terminaisons fixes ou régulières, et avant de s'accorder sur l'orthographe, ou la manière d'écrire et de prononcer les mots de leur langue. Au reste, il ne faut pas s'étonner s'ils adoptèrent, surtout dans le style oratoire des désinences plus ou moins sonores que ne l'avaient fait leurs ancêtres. La prononciation d'une langue varie suivant la différence des climats. On a remarqué souvent qu'un peuple transplanté dans un climat doux, rejette peu à peu les prononciations rudes pour les remplacer par des terminaisons sonores pleines et harmonieuses. C'est ce qui arriva à Rome et qui ne sera plus douteux quand on aura prouvé que les premiers habitans de cette ville venaient des gaules et même en partie de la germanie. Mais j'ai dit que le patois de nos contrées se rapproche beaucoup de l'ancien latin, je vais l'établir par la confrontation de quelques phrases avec ce patois.

On aurait, je crois, dit à Rome dans les premiers siècles et peut-être encore vulgairement du tems de César et de Cicéron : *Paul Emil' fuit dign' et sanct' hom'* ; on dirait en patois : Paul Emile fut in digne et saint homme. On dirait en patois pour Dieu vous donne son bon esprit : Due vos denait son bon esprit. Les anciens Romains auraient dit : *Deu vob' donat suo bon' spiri'.* Pour dire, prenez cette chaise, asseyez-vous à la table, nous voulons gouter ou collationner, notre patois dit, à peu de différence près, suivant les lieux : Prente ste chaïere, site vos ai lai moise, nos volian merandai. (a) Les anciens Romains auraient dit : *Prendit' ist' cathedr' sidit ad mens' nos volum' merandar.*

Lucrèce dit, nec devitari lethum *pote*; le patois dirait : Ne évitai lai moe vos pôte ; vous ne pouvez fuir la mort. Plaute : Quantum *pote* est ; autant qu'on peut. Notre patois n'a pu prendre *pote* du latin dans un tems où les Romains n'avaient pas encore séjourné dans

---

(a) On dirait plus ordinairement dans le patois de Montbéliard : Prente ste selle, chite vos ai lai moise (ou ai lai table) nos voulian nouenai. Selle, sella, employé par Cicéron, a la même signification que *chaïere ;* mais nous devons faire observer ici, que le patois emprunte de tems en tems quelques termes au français, et qu'il remplace a la longue ses vieilles expressions par de nouvelles prises dans cette langue.

les Gaules, ni *momen* qu'emploie aussi Lucrèce pour momentum, moment. Ce rapprochement de phrases tirées du patois et de l'ancien latin, doit faire connaître que ces deux idiômes tiennent à une même langue, et si la langue des Gaules a été apportée à Rome par ses premiers habitans, il faut en conclure que ceux-ci n'ont point naturalisé la leur parmi les Gaulois. D'ailleurs on voit que le retranchement des terminaisons dans la langue latine, ramène cette langue à ce qu'elle était dans son origine, c'est-à-dire au patois ou à l'ancienne langue gallicane. Au reste, qu'on nous dise pourquoi notre patois, en empruntant ses mots au latin, aurait retranché les terminaisons sonores de cette dernière langue si elles eussent pu s'accommoder au génie de ce même patois? Mais tout retranchement devenait impossible du moment que ces mêmes mots faisaient partie intégrante de la langue gallicane avant que le latin se fut introduit dans les Gaules.

On retrouve encore beaucoup de mots dans le patois, que la langue latine n'avait plus, lorsqu'elle se fut perfectionnée, ou du moins qui avaient pris un autre sens. Pour, je vous souhaite le bon jour, on dit en patois: Do bon jow; les anciens Latins disaient sans doute *do bon jov*. Le mot *jou* ou *jow* a été porté à Rome par les Gaulois ; il signifiait jour comme aujonrd'hui en patois ; il a été joint ensuite à celui de *pater* pour former Joupiter ou Jupiter, père du jour. C'est ainsi qu'avant d'avoir admis la pluralité des dieux que leur transmirent les Grecs, les Romains désignaient l'Arbitre souverain de l'univers. Le mot jow ou jovis s'était conservé à Rome pour signifier l'air, comme lorsque Horace dit : Manet sub jove frigido Venator. — *Nena* qu'on trouve dans Lucrèce pour non, se dit égalcment en patois.

Pomponius Festus rapporte plusieurs expressions qui se trouvaient dans les lois des XII Tables, et qui s'étaient perdues dans les tems postérieurs ; *sarpuntur vineæ*, par exemple, pour putantur. Ce mot sarpuntur vient de sarpe, expression patoise qui désigne l'instrument dont on se sert pour tailler la vigne. De sarpe on a fait en patois, sarpai, couper, tailler. Ce mot n'était plus en usage à Rome, puisque Festus se donne la peine de nous l'expliquer.

Sei calnitur LL. des Tables de reo fugiente. On dit en patois, *sei se cale*, s'il se soustrait, s'il se cache, (a) peut être s'il ment.

(a) Cette explication est douteuse. Je trouve

Virgeta ou *virgetum*, verger, c'est le sens que parait avoir ce mot dans la loi des XII Tables lib. 1 de Augur. On dit en patois voirdgie ou vergie. — *Se mussare*, se cacher. Se mussai ou se mussie. On dit en patois : lou seroil mussant ou se musse, pour dire le soleil couchant, se couche ou se cache.

C'est ce mélange de termes étrangers à la langue latine qui a fait dire à Quintilien, que cette langue était remplie de termes barbares. Denis d'Halicarnasse dit aussi à la fin de son 1.er livre que le latin n'était ni entièrement barbare ni entièrement grec, mais qu'il tenait de l'un et de l'autre. Il n'est pas douteux qu'en parlant de termes barbares, ces auteurs n'aient entendu des termes que la langue latine tenait de celle des Gaulois ou des Germains. que les Romains appelaient particulièrement barbares.

Il s'en suit nécessairement que si le latin est un mélange de grec, de gaulois et de theuton, il faut rechercher l'origine des premiers Romains dans un mélange de hordes grecques, gauloises et theutones. Je ne pense pas que les Grecs

---

dans Priscien lib. 10 Calvo id est decipio, per u scribendum est.

puissent avoir eu aucune part à la fondation de l'empire romain : mais leur langue, à raison du voisinage que Rome entretenait avec la grande Grèce et des relations que ses habitans eurent plus tard avec les Grecs commerçans et civilisés, s'enrichit de plusieurs mots qui lui devinrent nécessaires et chercha à se façonner et à se polir à leur école. (a)

(a) Je trouve très-peu de mots primitifs communs aux Grecs et aux Latins, qui ne le soient aussi aux Theutons. Voici quelques-uns de ces mots : agros, dios, patir, matir, astron, neos, onoma, mus, moros, dintos, genos (*gens*, *genus*, *lat.*) naulon, zugon (*jugum*, *joch*), eclipsis, byssus (*lin*), gaster ; Tochter, allemand, vient du grec. Thür, porte, également. Gaza lat. id. etc.

CHAPITRE IV.

Preuves que l'Italie septentrionale jusqu'au Tibre était peuplée de nations gauloises au tems de la fondation de Rome.

Les Romains devenus les maîtres du monde, cherchèrent à relever leur origine. Ils crurent l'illustrer en réclamant pour leurs fondateurs les fugitifs échappés au siége de Troyes, fugitifs qui pendant dix ans s'étaient défendus contre les Grecs. (a) C'eut été, selon eux, s'avilir que de reconnaître pour leurs auteurs des troupes vagabondes chassées des Gaules. D'ailleurs comme ils redoutaient extrêmement les Gaulois et qu'ils les regardaient comme le seul peuple qu'ils eussent à craindre, ils ne voulaient pas donner à la nation ganloise quelque ascendant sur eux, en s'avouant une colonie sortie de la Gaule. Malgré cette petite vanité,

(a) Ils pourraient avoir raison en ce sens que les Gaulois, premiers prétendants à cette gloire, la leur auraient ensuite transmise, car Ammien Marcellin lib. 13, cap. 9, fait venir les Gaulois des bords du Scamandre et du Simoïs.

Cicéron dans une lettre à Trébatius liv. 7, Ep. 10. Dans une autre à Atticus liv. 1—16, et Tacite liv. 11, ann. cap. 25, ne font pas difficulté d'avouer que les Eduens étaient frères du peuple romain. Lucain liv. 1, vers. 427, prétend que les Arvernes ou Auvergnats se disaient originaires des Troyens et frères du peuple romain.

Arvernique ausi latio se fingere fratres,
Sanguine ab Iliaco.

Une ancienne inscription donne cette qualité aux Bataves.

Les Theutons, en allemand Teutsche, ne pourraient-ils pas la revendiquer aussi, eux que les Romains appelaient *Germani*? Cela prouve que les Romains ne méconnaissaient pas tout-à-fait leur origine, et Mithridate qui la connaissait également, leur reproche d'être des esclaves nés chez les Thusques. (a)

(a) Romulus ex regulo primus Rex a thuscis declaratus est, quam rem Mithridates Rex Asiæ pro ignominia Romanis opposuit quod vernæ fuissent thuscorum, Q. F. Pictor lib. 2. Thuscorum ante Romanum imperium late terra marique opes patuere. T. Liv. dec. 1, liv. 5. Ces Thusques, vaincus par les Gaulois, qui peu de tems après le sac de Rome étaient allés au secours de Denis de

Ces Thusques étaient aussi des Gaulois qui long-tems avant la fondation de Rome s'étaient unis aux Umbriens, peuple de même origine. Et ce qui ne doit laisser aucun doute sur les relations que les Gaulois ont toujours entretenues avec les Romains, c'est qu'un des rois de Rome, appelé précédemment Masterna et depuis Servius Tullius, était gaulois. Un Valentius de cette même nation fut consul et dictateur. (a)

Il est vrai que les anciens auteurs ne s'accordent pas sur l'origine des premiers peuples de l'Italie septentrionale. Les uns y placent d'abord les Tyrrhéniens, (b) d'autres les Li-

---

Syracuse, se retirèrent dans cette partie des Alpes appelée la Rhétie et s'y fixèrent. C'est de cette époque que date l'origine de plusieurs grandes villes d'Italie fondées par ces mêmes Gaulois. Justin 20—5.

(a) Voyez dans Juste lipse commentaire de Tacite, édit. de Leipzig, la requête adressée par l'empereur Claude au sénat romain, dans laquelle il demande le droit de cité pour tous les Gaulois. Cette requête a éte déterrée l'an 1529 dans les ruines d'un vieux bâtiment à Lyon et est gravée sur des tables d'airain.

(b) Probatiores græci historici tradunt solos Tyrrhenos in Italia vetustissimos esse neque ut cœteri convenæ et advenæ, quando quidem vetus-

burniens et les Siculiens. (a) Pline liv. 3, cap. 14; Florus lib. 1, cap. 17, nomment les Umbriens comme les premiers peuples qui habitèrent ces contrées, et Caton fait descendre les Aborigènes des Umbriens. *Aborigenes proles Umbrorum.* Suivant Denis d'Halicarnasse liv. 1, les Umbriens habitaient déjà l'Italie environ huit cents ans avant la fondation de Rome, lorsqu'une peuplade de Pélasgiens vint s'y fixer, (b) et Solin atteste, d'après Bocchus, historien carthaginois, que ces Umbriens étaient de race gauloise. (c)

Des peuplades grecques ne s'emparèrent d'une partie de l'Italie que long-tems après

tissimis differant Diis et moribus. — Etsi totam Italiam coluerint græci ut nostri tradunt, ex ipsis tamen Lydis et Thyrrhenis vicinisque Romanis falsa esse ostendimus quæ contraria his de Tyrrhenis multi conscripserunt. Myrsilii Lesb. fragm. in fine.

(a) Galliam togatam primi coluere Liburni et siculi, quos pepulere Umbri — hos hetrusci, eos tandem vicere galli. M. P. Cato lib. origin. Il ajoute plus bas: Galli omnem Umbriam pulsis Etruscis occupavere.

(b) Habitabant tunc Umbri eratque ea gens multum antiqua et ampla: Dion halicarnas lib. 1.

(c) Bocchus absolvit gallorum veterum propaginem Umbros esse. Solin 8.

que ce pays eut été occupé par les Gaulois qui en étaient les premiers habitans. Ligur, fils de Phaëton, y conduisit une colonie athénienne qui, suivant Cajus Sempronius, (a) se mêla parmi les anciens habitans long-tems avant que les Grecs aient pénétré en Italie. C'est de ce prétendu Ligur qu'il fait venir le nom de Liguriens. Mais cet auteur dit ailleurs que les Liguriens avaient le même nom que les anciens Gaulois, qu'ils descendaient des Etrusques, qu'ils habitaient une partie de l'Apennin et que l'autre partie était habitée par les Umbriens. (b) Les Etrusques, suivant le même auteur, étaient aussi d'anciens Gaulois. (c) Il parait donc incontestable, d'après les historiens anciens les plus respectables, que l'Italie ou tout

(a) Ligures dicti sunt a Ligure Phaetontis filio qui omnium primus multis seculis ante græcos ex Attica colonias in Italian transportavit atque miscuit antiquissimis Italiæ populis ab ostiis tiberinis ad niceam. Cajus Semp. de divis. Ital.

(b) Apenninum colunt Ligures, — portionem vero Apennini inhabitant Umbri, prima veterum Gallorum proles ut Augustus Scribit Caj. Semp. de div. Italiæ.

(c) Quis enim ex antiquissimis non scribit à Jano Janiculum et hetruscos veteres gallos conditos. Caj. Semp. id.

au moins la partie septentrionale depuis l'embouchure du Tibre, a été peuplée dès les tems les plus reculés par des Gaulois. Ces Gaulois y dominaient à l'époque de la fondation de Rome sous le nom de Thusques ou d'Hétrusques. Les Cumanes, qui habitaient entre le Sarno et le Volturno, étaient les seuls qu'ils n'avaient pu réduire sous le joug. (a)

Sans doute qu'à l'époque de la fondation de Rome, où peu de tems auparavant lesGaulois, refoulés de nouveau par les Celtes, se virent obligés de se transporter ailleurs. On ne peut pas douter que ce refoulement ne se soit fait du côté de l'Italie. Manéthon, prêtre égyptien, continuateur de Bérose, nous dit que la 35e année du règne d'Egyptus frère de Danaüs, Romus de qui les Romains tirent leur origine, régnait chez les Celtes. (b)

Les Romains nous ont parlé de deux frères, Romulus et Remus qui ont été leurs premiers

---

(a) A Sarno ad Volturnum incoluerunt Cumani quos ab agro nullis viribus Hetrusci, quamvis toto Italiæ imperitarent dimovere aut in potestatem redigere potuerunt. Caj. Semp.

(b) Anno ejusdem 35 apud Celtas Romus a quo Romani.

rois. Soit que les fragmens historiques, attribués à Manethon, soient vrais ou supposés, il n'en est pas moins vrai que les fondateurs de Rome ne fussent Gaulois. Les Romains cherchaient à méconnaître cette origine, soit par la frayeur que les Gaulois leur avaient causée dans tous les tems et qu'ils conservaient encore au moment de leur plus grande splendeur comme Salluste l'avoue nettement, soit par un motif de vanité que leurs historiens étaient jaloux d'accréditer. (a)

Tite Live qui n'osait pas contredire les fables adoptées parmi les Romains et les traditions qui leur étaient chères, passe sous silence plusieurs circonstances rapportées par d'autres auteurs ; mais il ajoute qu'on ne peut rien affirmer de certain sur des choses qui remontent si loin. Quis enim rem tam veterem pro certo affirmet ?

Ce Romus ou Romulus, roi d'une partie des Gaules, s'étant avancé jusques sur les bords du

---

(a) Usque ad nostram memoriam Romani sic habuere, alia omnia virtuti suæ prona esse, cum gallis pro salute non pro gloria certari. Sall. de bell. jugurth.

Galli virtute cœteros mortales præstant. Tite Liv. déc. 1.

Tibre à travers les nations gauloises qui habitaient tout le nord de l'Italie se mit sous la protection de Cœlius, prince des Thusques ou des Hétrusques qui lui assigna sur les limites de son empire un lieu montueux et marécageux, qui était auparavant un pâturage, (a) afin qu'il s'y établît avec la troupe qu'il avait amenée en Italie. Mais Cœlius ne voulut pas qu'il habitât seul avec ses gens dans cet endroit; il leur associa une autre troupe qui avait pour prince Tucius, déjà chef d'Aborigènes ou d'autres anciens habitans qui avaient été mis sous le joug. Il témoigna beaucoup d'égards pour Romulus, puisqu'il lui accorda le gouvernement de cette peuplade, et qu'il lui permit de prendre le titre de roi, peut-être inférieur alors à celui qu'il portait lui-même. Romulus était gaulois comme les Thusques. (b) On ne

(a) Roma principio sui pascua bobus erat. Marc Por Cato de orig. — Prima Romæ origo ad radices Capitolii ubi tum pascua bobus erat. Q. F. Pictor lib. 1. — Italus filiam suam Romam nomine, siculis et aborigenibus in latio præfuit, quæ relicta Capenna medium palatinum tenuit et in vertice ubi hæret exquilion Romam oppidulum condidit quod Valentiam sonat. Post ejus obitum ob palude, neglectum oppidum fuit usque ad adventum Evandri qui cum oppido simul restituit nomen. Eod.

(b) Parum considerate quidam scribunt Romam

peut pas en douter, quand on voit que pour consacrer par une cérémonie religieuse l'enceinte qu'il donna à la ville de Rome, il fit venir des prêtres étrusques et non des grecs. Condidit autem eam, accitis amicis vatibus hetruscis. C. Semp. de divis. Ital.

Une preuve plus forte encore que les premiers Romains étaient Gaulois, c'est qu'ils ne connaissaient d'abord que les lettres et les disciplines des Etrusques, qui avaient en horreur les fables des Grecs. Ce ne fut que quelque tems après la fondation de Rome, qu'on y admit la Mythologie de ces derniers. *Sed Roma tunc rudis erat cum relictis litteris et disciplinis hetruscis mirabunda grœcas fabulas, rerum et disciplinarum erroribus ligaretur quas ipsis hetrusci semper horruerunt, neque obid, latinas voluerunt suscipere usque ad Cecinnam.* M. P. Cato.

Il ne faut pas s'étonner si les Thusques

---

a Romulo conditam, non enim Roma a Romulo nomen habet, quia geminis non Remus et Romulus nomina posuit Faustulus Hetruscus, sed Rumulum et Rumen eos ab eventu apellavit quæ sunt nomina Hetrusca. C. Semp. de divis. Ital. — Solinus dit d'après d'autres historiens que le nom de Rome vient d'une dame troyenne qui s'appelait Romé.

abhorraient les fables grecques, puisque dans les premiers tems ils ne reconnaissaient qu'un Dieu et qu'ils détestaient les images et les simulacres des divinités que les Grecs multipliaient avec la plus grande profusion.

Il serait bien inutile de réfuter les fables qu'on a faites sur l'origine et la naissance de ce Rumele et de son frère Rumen; il suffit d'avoir fait voir qu'ils étaient gaulois. Je ne dirai pas de quelle contrée des Gaules ils pouvaient venir; mais je pencherais à croire qu'ils venaient des bords du Rhin, et que la troupe qu'ils avaient conduite en Italie était composée d'une grande partie de Theutons, puisque la langue latine a conservé une grande quantité de mots theutons qui ne sont point dans la langue gallicane, ou du moins qui ne s'y sont pas conservés.

Esse pour edere, manger, vient du mot allemand essen. Spatiari de spatzieren; stare de stehen; spuere de speyen; reri, reor, de rathen; coquere de Kochen; tegere de tecken; nere, de nehen; rogare de fragen, ou frogen, vieux allemand; studere de studieren; habere de haben; terere iter ou terram de tretten; vandlen de vagari; volgus, ancien latin, pour vulgus de Volck; herus de Herr; ager de

Acker; pondus de Pfund, curtus de Kurtz; auris de Ohr; schola de schul; camera de Kammer; gramen de Grass; nasus de Nase; sus de sau; (a) flamma de Flamme; status de Statt; Angelus d'Engel; cucumer de cucumer; rosa de Rose; buxus de Buchs; sal de Saltz; falsus de falsch; musca de Mucke; calx de calch; stramen de Stroh; stolidus de toll; caminus de Kamin; saccus de sack; stellionatus de stehlen, stemma de stamm; stabulum de Stall; clangor de klang; inter de unter; sex de sechs; in, préposition de in; et une infinité d'autres. (b) Le mot latin *forum* ne peut venir que de l'allemand vor, devant, en public; vorkauf, marché; vorgehen, avoir audience, ou du patois foire, marché sur place publique; *nundinarium forum*. Plin. (For et foir, bas-breton, marché public, tribunal. Dict. de Bullet). Mus vient de Maus (souris)..

(a) *Soue*, vieux français et patois, étable à porcs, (dict. roman-wallon) suile, latin. De là le mot patois souclion, mal-propre, sale comme un cochon, et le verbe français souiller. On dit aussi pour un cochon poe, en latin porcus.

(b) Avec un peu d'attention, si l'on connaît l'Allemand, on distingue d'abord les mots latins qui sont dérivés du Theuton de ceux qui viennent de la langue gallicane.

Je ne doute pas, comme l'assure un philologue allemand qu'il ne soit facile de composer des phrases entières où l'on reconnaitrait les mêmes mots dans les deux langues.

Magister legit suam lectionem in scholam,
Der Meister leset seine lection in Schule. (a)

La langue allemande ne peut avoir emprunté du latin ses mots primitifs, comme haben, Vater, Mutter; il en résulte donc évidemment que c'est la langue latine elle-même qui les a empruntés de nos langues du nord. Cependant il est possible et même vraisemblable que plusieurs mots allemands ou theutons ont été anciennement en usage dans la langue gallicane, et qu'ils ne s'y sont pas conservés jusqu'à présent, quoique notre patois en ait encore beaucoup, comme: Enne lade, un volet; enne crougue, une cruche; in raibe, un brigand; in stiern, un frontal ou fronteau; in

(a) On en peut dire autant et plus du patois, comme on pourra s'en convaincre en le confrontant avec le latin. L'expérience est facile à faire: Non possum legere Ciceronem quin illum admirer, *Y ne po lére* Ciceron *qui ne l'aidmire* ou *qui n'aidmirai lu*. Admirare vient de *muru*, miroir; d'où admirer et se mirer. Mirum, étonnant; miraculum, miracle.

mailecoste, un coffre à farine; di quemiesse, du légume cuit; enne coute, un jupon; enne chelitte, un traîneau; maigre, maigre; gros, gros; enne gosse, une rue; de lai griese, semoule; enne endive, une endive; enne coppe, un bonnet; in broustouk, un gilet; enne veste, un habit (vestis, latin); in ganzai, un jars; enne louedre, une femme débauchée; in bouebe, un garçon; di brue, du bouillon, (on dit aussi jus, latin jus); in schmaroutzu, un écornifleur; enne gése ou gaise, une chèvre; in bock, un bouc; in forétie, un foretier, (forstner); chia, oui pour ia; de lai branne, marc résidu de bière... Et plusieurs verbes, comme chelitai, se traîner; se poutsai, se faire propre; vandlai, aller et venir, (unde vandali, peuples nomades); grabai, envier; stopfai, bourrer; trinquai, de trinken, boire; crevai, crever; se chiquai, s'arranger; machai, mêler (mischen, miscere); souequai, chercher; (quærere, querir, aussi patois.) (a)

(a) C'est peut-être le voisinage des deux peuples qui a accrédité ces mots dans notre langue gallique ou patois, à moins qu'on ne veuille opposer avec Diodore de Sicile, Apien, Saint Jérôme et d'autres;

Romulus et sa troupe s'étant donc établi dans les colines et dans les marais voisins du Tibre, se trouva embarrassé pour trouver des femmes à ses gens. Quatre mois après avoir fondé la ville de Rome ou plutôt après en avoir marqué l'enceinte, il enleva par ruse des filles des Latins et des Sabins. Trop faible pour se défendre contre des ennemis puissans qu'il avait grièvement insultés, il implore le secours de Cœlius, roi d'Etrurie, qui négocia la paix entre les deux peuples, après une victoire remportée sur les Sabins et sur les Latins, vaincus dans cette rencontre.

Craignant une nouvelle attaque, le roi des Thusques envoya un certain nombre de ses sujets pour habiter un quartier de Rome (a)

---

que tout ce qu'on dit des Gaulois est commun aux Germains, lesquels Strabon appelait ligitimi fratres, et que ce qu'on appelle l'ancienne langue gauloise, n'est que le theuton. Voyez là-dessus Aventin, Annales des Boyens, lib. 1, qui dit: « Hoc satis constat Germanos etiam gallos à rerum scriptoribus gravissimis vocari.

(a) Quarto autem mense ab urbe condita audax facinus perpetratum est in raptu Sabinarum et Latinarum. Primi ex latinis bellum moverunt in Romulum, Ceninenses, Antennantes et Crustumini. Romulus auxilio implorato a Thuscis, cum

et pour former dans cet endroit une peuplade plus respectable aux voisins.

Il résulte de ce dernier fait, dont tous les historiens conviennent, quant au fond, que Romulus était venu de loin avec des jeunes gens sans femmes, et qu'il ne lui était pas facile de s'en procurer au milieu de nations ennemies, Grecques, Aborigènes, Latins, Sabins, que les Thusques avaient poussé vers les embouchures du Tibre et dont les Gaulois qui avaient suivi Romulus ne comprenaient pas la langue. Si Romulus eut été le petit-fils du roi Latinus, si lui et ses gens eussent été originaires de la contrée où ils fondaient une ville, il est plus que vraisemblable qu'ils n'auraient été obligés d'employer ni ruse ni violence pour se procurer des femmes. Chacun d'eux aurait eu des relations de famille, de fréquentation et d'amitié, et ils auraient pu, sans peine, s'unir par des mariages avec les filles des contrées voisines. S'ils eussent été Grecs, la grande Grèce s'étendait aussi jusques près du Tibre, et ils

Cœlio rege Hetruriæ primum ex his triumphum retulit et obid quartus urbis collis a Thuscis habitari cœptus est, et Cœlius dictus. Q. fab. Pictor lib. 2.

n'auraient également éprouvé aucunes difficultés pour avoir des compagnes.

Tout concourt donc à établir que la première horde romaine était entièrement étrangère par la langue, par les mœurs, par les habitudes, aux contrées où le roi des Thusques lui assigna une demeure. Il parait donc incontestable que ces premiers Romains venaient du fond des Gaules et qu'ils avaient été accueillis chez leurs compatriotes hétruriens comme des malheureux qui excitèrent leur commisération et leurs égards, et qu'ils prirent sous leur protection.

CHAPITRE V.

Changemens que la langue gallicane éprouva à Rome, par le mélange des Grecs, des Latins et des Sabins avec les Gaulois. Naissance et progrès de la langue latine.

Je crois avoir suffisamment prouvé dans les chapitres précédens, d'après la conformité que j'ai fait voir entre la langue des premiers habitans de Rome et le patois, et d'après les détails où je suis entré sur l'origine des premiers Romains, que le patois ne doit pas sa naissance à la langue latine. Voyons à présent comment le latin s'est formé. Il n'est pas étonnant que la langue des Gaules ait souffert bientôt des variations dans une peuplade formée d'élémens aussi discordans que l'étaient ceux qui constituaient les commencemens de Rome. Pictor nous dit qu'après la paix faite avec les Sabins, Romulus ou plutôt Cœlius, comme nous l'avons vu, divisa l'étendue de la ville en trois parties, qu'il assigna le Capitole et le Quirinal aux Sabins et à Tatius, qu'il garda pour lui et pour les siens, l'Exquilion et le Palatin, et que Galérite, chef des Thusques, eut les monts Cœlius et Cœliolus, et Romus le mont Aventin. Cette division annonce qu'il n'y avait pas un parfait accord entre ces tributs, qu'elles n'avaient pas un même langage, où que leurs mœurs et leurs usages étaient différens, quoique la plus grande partie d'entr'elles fut d'origine gauloise.

Les gens de Romulus avaient enlevé des femmes latines et sabines. Celles-ci se virent obligées d'apprendre la langue de leurs maris. Elles y mêlèrent sans doute, et transmirent à leurs enfans des prononciations et même des mots étrangers à la langue gauloise et à la theutone qui était peut-être la plus parlée parmi la troupe de Romulus. Il n'est pas douteux qu'il ne s'établit plus tard bien des Grecs parmi eux. On s'accoutuma aux finales sonores de ces derniers qui étaient aussi reçues dans la langue theutone et peut-être parmi les Sabins et les Latins, et la langue parlée par Romulus et ses gens devint un jargon mélangé de deux ou trois autres langages. Cependant il fallut des siècles pour que ce jargon formât une langue, et qu'elle se polit à l'aide et à l'instar de celle des Grecs. Les Romains supprimèrent sans doute, à l'exemple de ceux-ci, les pronoms qui précèdent nos conjugaisons, adoptèrent les trois genres ; mais je ne sais par quelle habitude ou autorité ils négligèrent ou supprimèrent les articles devant les noms. Toutefois la populace romaine conserva longtems les syllabes muettes à la fin des mots comme nous les avons en français ; c'est ce que nous avons vu ci-devant par la liberté qu'eurent les poëtes de les élider.

Polybe nous dit que le traité fait entre Rome et Carthage, peu de tems après que les rois eurent été chassés de Rome, était à peine intelligible de son tems, même par les personnes les plus versées dans les antiquités de cette ville. Et sans remonter si haut, si on prend la langue latine seulement un siècle et demi avant Cicéron, on ne trouve encore qu'un jargon informe, comme le fait voir l'inscription qui existe à Rome dans le Capitole, sur une colonne à l'honneur de Duillius, consul romain, qui avait vaincu les Carthaginois. Je rapporte ici seulement les deux premières lignes de cette inscription :

» EXEMET LECIONES MACISTRATOS CASTREIS EXFOCIONT
» PUCNANDOD CEPET ENQUE NAVEBOS MARID CONSOL.

Quintilien nous parle de vers saliens, qu'on disait avoir été composés par Numa, dont les prêtres même avaient peine à saisir le sens, et Festus, qui vivait du tems d'Auguste, remarque que la langue latine avait subi tant de changemens qu'on pouvait à peine la reconnaître.

On voit de-là combien il faut de tems à une langue pour se former et pour prendre un caractère qui lui soit propre. Les Romains, devenus enfin maîtres d'un vaste empire, commandant à des peuples instruits, ayant attiré à Rome tous les arts et toutes les richesses de l'univers, furent enfin obligés de polir leur langue en se poliçant eux-mêmes.

Mais est-il vrai encore une fois, est-il seulement vraisemblable que le latin soit devenu ou qu'il ait pu devenir la langue générale des Gaules et anéantir la langue gallicane ? On a vu que cette langue s'était formée à Rome tant seulement et dans l'enceinte de ses murs. Tite Live dit, liv. 40, que les Romains ne pensèrent pas de bonne heure à étendre leur langue, et elle ne se parlait qu'à Rome, puisque cent quarante ans avant le règne des empereurs, les habitans de Cumes, ville qui n'en était éloignée que de trente lieues, demandèrent et obtinrent comme une grâce, de pouvoir faire usage de la langue latine dans leurs actes publics. Cependant alors les Romains avaient déjà mis sous le joug toute l'Italie, la Sicile, la Sardaigne et une partie de l'Espagne.

Cicéron nous dit aussi : Oratio pro Archia, que le grec se lit chez toutes les nations, mais que le latin est resserré dans ses limites et certes, ajoute-t-il, dans des limites très-étroites.

Ce ne fut que sous les empereurs que la politique engagea les Romains à étendre leur langue. Ils envoyèrent pour cela des colonies dans toutes les parties de leur empire ; on en comptait vingt-six dans les Gaules. Caligula fit établir des écoles à Lyon et à Besançon. Saint Jérôme dit qu'on enseignait le grec et le latin à Tours, à Toulouse, à Bordeaux et à Autun. Mais qu'était-ce que quelques écoles et quelques colonies éparses sur une étendue très-considérable et dans une immense population ? Des curieux ou certaines personnes qui avaient des prétentions, pouvaient profiter de ces écoles et se familiariser avec la langue ; cela était d'autant plus attrayant et même nécessaire que la langue gallicane, ensuite des idées superstitieuses des prêtres gaulois, ne s'écrivait pas, généralement parlant, qu'il n'y avait alors que la langue latine qui fut usitée dans les actes publics et pour les autres besoins de la société. (a) Le petit peuple ne pouvait ni l'étudier ni la parler. Nous pouvons nous en convaincre par ce qui se passe chez les campagnards d'aujourd'hui, peu soucieux d'échanger leur jargon contre la langue nationale universellement écrite et parlée dans les villes. Mais s'ils s'en servent quelquefois, ce n'est que pour la défigurer ou pour se donner des airs vaniteux. D'ailleurs les Romains, après avoir pris ces mesures pour répandre leur langue, virent que leur domination était trop agitée dans les Gaules pour que cette langue put y faire des progrès, pour qu'elle se répandit dans les campagnes, dans les habitations les plus isolées et les plus éloignées des grandes villes et des routes romaines, surtout pour qu'elle ait passé jusqu'aux frontières de l'empire qui étaient continuellement harcelées par les nations d'outre-Rhin. On peut donc soutenir hardiment que les Romains n'ont jamais porté leur langue ni dans les vallées ni sur les sommets des Vosges. Ne serait-il pas en effet étonnant que le patois fut resté le même dans

---

(a) Strabon, lib. 4, dit qu'anciennement les Gaulois se servaient de la langue grecque dans leurs contrats. Vid. Dict. diplom.

les lieux le plus en relation avec les colonies et dans ceux qui en étaient le plus à l'écart? Si la langue romaine eut influé le moins du monde sur la langue vulgaire des campagnards d'alors, le pays de Montbéliard qui communiquait par une route à Besançon et à la capitale des Rauraques, qui était au centre d'une colonie romaine et dans le voisinage d'une ville riche et considérable, à en juger par la foule des monumens anciens qu'on y a découverts et qu'on y découvre encore, je veux dire de l'ancienne Mandeure, nommée dans l'itinéraire d'Antonin et dans la table Théodosienne, Epamantadurum, ce pays dis-je, n'aurait-il pas parlé et conservé un patois plus épuré, plus mélangé de mots latins que les pays à l'écart, comme le sont les vallées des Vosges, Orbé, la Poutroie et surtout le Ban de la Roche?

Cependant le patois de ces différens endroits est le même, et ne paraît avoir souffert aucune altération par l'influence que les langues latine et theutone peuvent avoir eue sur lui, soit dans les lieux ouverts et accessibles, soit dans les endroits d'un accès plus difficile. D'ailleurs voyez si les paysans des environs de Besançon parlent un patois meilleur ou différent de celui des habitans de l'ancienne Rauracie, c'est-à-dire le Lomont, Porrentrui, les montagnes et les vallées qui avoisinent la Suisse. Il y a plus : c'est que, dans le tems où l'on établissait des Ecoles dans les Gaules, le latin se perdait à Rome, et que la langue gauloise ou un latin corrompu y devenait vulgaire. (a) Nous en avons la preuve dans saint Grégoire qui écrivait au milieu du 6e siècle et qui se plaint qu'à Rome la langue rustique était plus à la mode que la latine. Et quelle était cette langue rustique? C'était certainement la langue thusque ou gauloise, notre patois, ou un jargon semblable qui se parlait dans les campagnes voisines de Rome et duquel sans doute la langue italienne a profité lors de sa formation, patois qui comme on l'a vu par un passage d'Aulugelle, qui vivait au commencement du second siècle de notre ère, faisait rire de son tems les personnes instruites, comme on rirait aujourd'hui en entendant mêler des phrases patoises à un discours français. Aulugelle dit *Tusce* aut *Gallice*, parce que c'était effecti-

(a) Quintilien, cent ans seulement après Cicéron, se plaignait déjà que la langue avait changé. Quid multis? totus pene mutatus est sermo, liv. 8, chap. 3.

vement la même langue, vu que les Thusques n'étaient que des Gaulois.

Cette langue paraissait dure et choquante aux Romains comme le patois nous le paraît à présent. Pacat, dans son panégirique de Théodose, dit : *incultum transalpini sermonis horrorem.*

Cette langue vulgaire était même admise dans les églises, puisque le concile d'Auxerre, tenu en 528, condamne l'abus introduit depuis un siècle, de chanter dans le service divin des cantiques mêlés de latin et de gallican. (a)

(a) Voyez le Cantique pour la fête de l'ane, etc.

CHAPITRE VI.

Confrontation du patois actuel avec celui qui se parlait aux mêmes lieux à différentes époques, etc.

Après avoir démontré que notre patois, ou tout au moins un dialecte qui lui ressemblait beaucoup, se parlait à Rome dans le tems de sa fondation et même après, que dans ses plus beaux tems la langue latine admettait encore en poësie les syllabes finales muettes, comme nous les avons en français, que la langue des Gaules se parlait à Rome sous les premiers empereurs, qu'elle y était vulgaire et usitée dans le sixième siècle. Je vais essayer de faire voir qu'elle s'est conservée, à peu de différence près, jusqu'à présent et qu'elle se retrouve dans le patois actuel des frontières orientales de la France.

Le plus ancien morceau que je trouve de notre patois dans les auteurs, est tiré d'un sermon de saint Gall, qui prêchant un jour en 640 dans la Rhétie, en langue latine, son sermon fut interprété en langue vulgaire par l'évêque du lieu. Ce morceau est tiré des actes de saint Etienne.

Langue vulgaire en 640.	*Patois du Montbéliard.*
Por aimor Due vos prie saignor barun	Pou laimour de Duc i vo prie seigneur Boron
Si ce vos duit escoter lai leçon	Se ci vos detes escotai laï leçon
De saint Estève le glorieux barun	De St. Estève lou glorieux boron
Escotai la per bonne intention :	Escotai lai po boine intention,
Ki ai ce jour reçeu la passion;	Ki ai ce jou reçu lai passion ;
Saint Estève fut pleins de grans bonté	Saint Estève fut plein de grand bontai
Emmant tot cels qui craignent Due.	Aimant tout ça que craignan Due.

Ce morceau, entièrement patois, nous rend déjà le génie de la langue française par les articles qui sont devant les noms. Nous y voyons les tours simples, naturels et sans inversion du français. Le mot Barun était un terme de civilité d'alors, comme si saint Etienne eut dit nobles Messieurs. (a)

(a) Hetrusci — Arunem vocant nobilem principem. — Larinum metropolin id est principem vocaverunt. (La reine). Cato origin. 13. Vid. Lacomb — Ri tout-puissant. Bullet, ri, roi.

Voilà sans doute la langue qu'on parlait à Rome du tems de saint Ambroise, et que nos campagnards parlent encore aujourd'hui. C'était une langue formée, et il n'est pas douteux que sa formation ne date de plusieurs siècles auparavant.

Au milieu du neuvième siècle on trouve un autre morceau patois, dans le serment que Charles le-Chauve prêta à Strasbourg en 842, ensuite des traités que ce même Charles et son frère Louis de Germanie avaient jurés. Le premier en langue romance en présence des seigneurs français; le second en langue tudesque en présence des seigneurs allemands; je le confronterai au patois d'Alsace, de Lorraine et de Comté pour faire remarquer la différence de ces idiômes.

On ne donne ici que le serment du peuple. Voyez Schœpfflin, tome I, page 812.

Langue romance.

Si Lodwigs sacrament que son frater Karlo, jurat, conservat et Karlus meos sendra de suo part non los tenet, si ïo retournar non lint pois,

Langue theutone.

Oba Karl then eid then er sinemo bruodher Ludhovige gesuor geleistit indi Ludhuwig min herro then er imo gesuor forbrihchit, ob

Langue romance.

ne jo ne neuls cui eo retournar nil pois in nulla adjudha contra Lodhevig non li iver.

Langue theutone.

ih inanes arwendene mag, noh ih, no thero thenihes iruenden mag imo ce follus tine widhar Karl wirdhitt. (a)

Latin.

Si Ludovicus sacramentum quod suo fratri Karolo jurat, conservat et Carolus meus senior de sua parte non illud tenet, si ego divertere eum non possum, nec ego nec ullus aliqnis eum divertere non potest, in ullum adjumentum contra Ludovicum non illi ibo (Schœpflin) (a)

Langue vulgaire ou patoise en 842.

Se Louis lou sacrement ke a son frére a jurat conservo, et que Karle mon Siniou de sa part ne lou tenie, se you détournar ne lou podir ni yeou ni decuz ke yeou detournar en poisso, in nullo adjudha contre Louis non li iren. (Dict. du vieux langage français de Lacombe.)

Patois de Lorraine (Lunéville)

Si Louis tint lo ser-

Patois de Montbéliard.

Se Loys tint son serment quel e jurie ai son

(a) Aventin nous dit: Maxima in nostra linguâ (il parle de la theutone) facta est mutatio, ut ea quæ ante trecentos annos scripta fuerint ægre etiam peritus intelligat. Nomenclatura verbo bogen.

(b) Voyez le serment de ces princes rapporté plus au long dans Aventin, lib. 4, pag. 323.

Patois de Lorraine (Lunéville.)

ment quel e jurie et son fraire Charlot et que Charlot mon signou ne l'teneuch me pardevar lu, si je ne pue l'détonnai, ne me, ne acun atre, je niron ditou es son secours contre Louis.

Patois du Ban de la Roche.

Si Louis lou serment que son fraire Karlot ai jurie conserve et Karlot mon chire de sai pai ne lou tint, si ne lou po détouenai ne io, ne gnun que lou détouenai po, en acune aide contre Louis i ne vierai.

Patois de Montbéliard.

fraire Charle et que Charle mon chire ne l'tenieuch de sai sen, si i ne po l'détoinai ne moi ne acun âtre (ou gnun) (a) y nirai di tout ai son secou contre Loiys.

Langue d'Occitanie.

Sé Louis lou carment que a soun fraire Carlé a jurat conservo et que Carlé mon seniou de sa part non lou tenié, se jou destournar non lou pois, ne jou ni degus que jeou destournar en poisso en nullo adjudho contra Louis non li i ren. (Astruc, pag. 505)

En comparant ces idiômes, on retrouve partout des airs de notre patois, et il est facile par l'inspection de ces morceaux d'appré-

(a) Gnun pour ne un, pas un, ne unus tantum.

cier la différence qui existe entre la langue romance et la langue vulgaire ou le patois d'alors, qui est encore le même à présent.

Cependant je suis persuadé que dans le morceau patois ou langue vulgaire de 842 rapporté par Lacombe, il s'y est glissé des fautes de copistes. 1.° *Décuz* n'est pas le mot convenable; le patois veut kékun ou gnun. 2.° *Non li iren*, il faut écrire no ne li vieren. La langue gauloise veut vieren ou vieran, d'où le français tire je vais, le latin via, et l'ancien latin viare, vians. *Vie* en patois signifie chemin. 3.° Il faut aussi en nulle adjudhe et non *in*; *en*, est le véritable mot gaulois. Les anciens Latins l'avaient de même; dans les deux vers de l'inscription en l'honneur de Duillius on trouve *enque navebos* pour inque navibus.

On a cru devoir joindre ici ce même morceau en langue théotique ou theutone; il est curieux que cette langue ait eu à cette époque des terminaisons sonores dont elle s'est défaite depuis; cela ferait croire que le latin qui est rempli de mots theutons peut avoir emprunté d'elle les désinences ouvertes de ses mots; car il répugne de croire que l'allemand ait jamais fait des emprunts à la langue latine.

Ce langage théotique était celui apporté dans les Gaules par les Francs. Il se parlait à la cour sous la première race de nos rois et même sous la seconde.

La langue gallicane ou le patois a toujours eu un génie analitique qui s'oppose aux inversions. On y voit partout les articles devant les noms. Il n'en était pas ainsi de la langue romance; cette langue qui voulait passer pour fille de la latine, s'est parlée et se parle encore dans les provinces qui ont été plus long-tems et plus immédiatement occupées par les Romains; elle était plus sonore et plus accentuée que celle des provinces du nord, comme on s'en apperçoit facilement. Elle supprimait les articles pour former des espèces de déclinaisons, son fratre Carlo est mis comme dans le datif; ensuite on trouve Carlus au nominatif. Les mots latins y sont francisés ou plutôt les mots français y sont latinisés. Les verbes ne sont point précédés de pronoms et les noms sont souvent sans articles. L'inversion est conservée à-peu-près comme dans le latin. Cette langue enfin différait beaucoup de la langue gallicane ou du patois des contrées qui ont possédé la langue primitive et que nous envisageons comme le berceau de la langue latine et de toutes celles qui ont conservé le génie de cette même langue primitive, ses périodes naturelles et sans inversion, et son étymologie.

Voici un passage rapporté par Borel d'une lettre pastorale qu'Alberon, évéque de Metz, publia en 940.

» Buon sergens et feaules enjoye te. Car
» pour ce que tu as esteis feaule sur petites
» coses je tausserai sur grandes coses. Entre
» en la joie de ton Signour. »

Ce morceau est aussi patois. On dit encore un sergent, un sordgenot pour un serviteur. Ce dialecte se rapproche déjà de celui du français. Il n'est pas douteux que notre patois, celui parlé aux frontières et sur les montagnes devait déjà du tems des Gaulois être plus rude et plus grossier que celui du centre des Gaules et des parties les plus policées.

Je confronterai ensuite avec notre patois un morceau de l'an 1000, rapporté dans plusieurs ouvrages.

Gaulois de l'an 1000.	*Patois.*
Evax fut in mult riche rei	Evax fut in mult (a) reche roi
Lou reigne tint des Arabeiz	Lou régne tignit des Airabes
Mult fut de plusiors choses saige	Mult fut de plusieurs choses saidge,
Mult apprit de plusiors langaiges	Mult aipprit de plusieurs langaidges,
Les sept arz sut, si en fut maistre	Les sept arts sut, se en fut maitre
Mult fut poischant et de bon estre	Mult fut puissant, et de bon être;
Granz trésors ut d'or et d'argent	Grand trésor ut d'or et d'ordgent
Et fut lairge à tuite gent.	Et fut laindge ai tote gent.
Por les gran sen por la pruëce	Pou lou gran sens pou lai prouesse
Kil ot e pur sa gran largèce	Quel ut et pou sai grand lairdgesse
Fut connuz et mult amé,	Fut coignu et mult aimai.

Voici les premières lignes d'une confession de foi des Vaudois, appelée la noble leçon, datée de 1100, dont un extrait est rapporté par Pictet dans son histoire du 11e siècle. Elle tient beaucoup du roman, dont la prononciation, comme nous l'avons déjà fait voir, a quelque chose de plus sonore que le patois

(a) Mult est plus usité en patois lorrain que dans le Montbéliard, où on dit bin, et bécô.

de nos contrées, quoique tous les mots soient les mêmes que ceux dont nos campagnards se servent dans leur langage:

Patois du Midi. (1100)

O fraires entende une noble leyçon; souvent dévan veglar estar en oraison; car nos veent aquest mond esser près del chavon. Molt curios deorian esser de bonas abras far, car nos veent aquest mond de la fin apropiar. Ben a mil et cent ans ancompli entiérement que fo scripta lora que sen al derrier temp.

Patois du Montbéliard.

O fraire entente enne noble leçon; souvent nos dan voillie être en oraison; car nos voyan ce monde être pré di chovon. (a) Nos derrin être pu curiu de faire de boines choses. Car nos voyan ce monde aipprechie de lai fin. Et y ai bin mil et cent ans entierement aicomplis. Çouçi fut écrit quand nos son ès derrie temps.

Traduction en français.

» O frères, écoutez une noble leçon. Nous » devons souvent veiller et être en prières; car » nous voyons ce monde être près de sa fin. Nous

(a) Chavon ou chovon est le fil qui prend fin en dévidant un peloton, c'est le bout ou la fin d'une chose.

» devrions être plus empressés de faire de bonnes » œuvres, car nous voyons ce monde approcher » de la fin. Il y a mil et cent ans accomplis. Ceci » a été écrit lorsque nous sommes dans les derniers » temps. »

Je n'ajouterai plus ici que le cri des Croisés, qui marque les différens dialectes à la fin du 11e siècle. Dans l'intérieur de la France c'était Due le volt. Dans le Midi Diou lou vo, et dans nos contrées Due lou vo.

Après cette époque on commença à écrire beaucoup en langue vulgaire. On s'attacha sans doute aux dialectes les plus épurés, et la langue française s'est formée ainsi, à quelques exceptions près, non du latin, mais de la langue que parlaient nos pères il y a vingt à trente siècles. (a)

(a) Je donnerai à la fin de cet ouvrage plusieurs échantillons du patois, parlé tant en Franche-Comté que dans la Lorraine, l'Alsace, la Bourgogne et le Montbéliard. Ils pourront être consultés utilement par les personnes qui ne regardant cet ouvrage que comme une fantaisie séduisante ou comme le rêve d'un homme préoccupé, voudront cependant s'entourer de plus de lumières pour apprécier son mérite, indépendamment des hypothèses peut-être hazardées et des soit-disant paradoxes qu'ils croiront y rencontrer.

J'avais envie de terminer ici ce chapitre ; mais je crois qu'il n'est pas hors de propos de faire voir d'un coup-d'œil, et de mettre en parallèle la différence qui existe entre les différens langages qu'on croit dérivés du latin. Le morceau qui renferme ces divers langages réunis est curieux, tant par cela même, que parce qu'il fait voir la grande ressemblance qu'il y a entre des langues étrangères entr'elles et que chacun ne comprend pas. Les adjugera-t-on pour la filiation à la langue latine ou au patois des Gaules ? Ce morceau est du 13e siècle et appartient à un poëte provençal nommé Rabaut de Vaquiéras. (a)

Provençal. Bels cavaliers tant es cars
Lo vostr ouratz senhoratges
Italien. . . Que quada jorn m'esglayo
Ho me lasso ! que faro,
Français. . Si celi que gey plus chera
Me tua no sai por quoy
Gascon . . Ma Dauna, (b) fé, que dey bos !
Ni pe l'cap sanhta Quitera !
Espagnol. Mon Corasso mavetz traito
E mout gen faulan furtado.

(a) Mémoires de l'accadémie des inscriptions, tome 24, page 671.

(b) Le patois dit, *Dane* pour maîtresse, supérieure ; et *chir* pour maître, seigneur.

Traduction.

Beau chevalier, tant m'est chère votre honorable seigneurie, que chaque jour je m'effraie. Hélas! malheureux que ferai-je, si celle qui m'est la plus chère me tue, je ne sais pourquoi? Madame, par la foi que je vous dois et par le chef sainte Quitére! Vous m'avez arraché mon cœur et me l'avez dérobé par votre doux langage.

CHAPITRE VII.

La langue celtique différait de la gauloise et de la theutone. Conjectures sur cette première langue.

PEUT-ÊTRE objectera-t-on à tout ce que j'ai avancé jusques ici, que les Gaulois parlaient la langue celtique, que les restes de cette langue qui se retrouve, à ce qu'on prétend, dans la Basse-Bretagne et dans les montagnes d'Ecosse, (a) n'ont aucune ressemblance avec le patois, que la langue celtique avait un génie tout différent de celui du patois et que s'il se trouve dans le patois des mots celtiques, c'est parce que ces mots s'y sont conservés lorsque le latin eut pris le dessus en devenant la langue vulgaire des Gaules. Je suis déjà entré dans quelques détails sur cette langue celtique; mais les observations qui suivent, venant à l'appui

(a) Mr. Schlœser, dans son histoire universelle du Nord écrite en allemand, Halle 1771, distingue ces deux langues non seulement entr'elles, mais encore d'avec la langue basque; on demandera à présent qui a raison de lui ou de Bullet.

de ce que j'ai avancé jusqu'à présent, ne paraîtront sans doute rien moins qu'un hors d'œuvre.

Sur quel prétexte, après tout, soutient-on que les Gaulois parlaient la langue celtique? C'est sans doute parce qu'une partie des Gaulois se donnaient le nom de Celtes. *Qui ipsorum lingua Celtæ nostra Galli apellantur.* Ceux qui prenaient le nom de Celtes habitaient au centre des Gaules, de la Saône à la Loire, ou comme dit César entre la Garonne, la Seine et la Marne. Les autres s'appelaient Aquitains et Belges. Tous parlaient la même langue, dit Strabon, *sed paululum variata.* Pourquoi donc ceux du centre de la Gaule portaient-ils seuls le nom de Celtes? Je présume, non sans raison, que c'est parce qu'ils avaient été conquis par les Celtes, qui habitèrent conjointement avec eux la partie des Gaules dont ils s'étaient emparés, et il ne reste aucun doute que la langue celtique ne se soit fondue dans celle des premiers habitans qui, plus nombreux, obligèrent les conquérans à parler la leur. Des auteurs disent que cette conquête avait été faite au tems de la fondation de Rome, ce qui ferait croire qu'elle aurait obligé Romulus et

Rémus de chercher, avec une partie de leurs compatriotes, un établissement en Italie.

La partie des Gaules qui avait passé sous le joug des Celtes, dut alors prendre le nom de Gaule celtique. Ils s'appelèrent Celtes comme ils se sont appelés Romains après la conquête de César, et comme ils s'appellent aujourd'hui Français, quoiqu'il n'y ait parmi eux qu'un très-petit nombre de descendans des conquérans francs.

Du tems de l'empire romain on se faisait gloire de parler la langue de Rome, et pourvu qu'on se servît de quelques tournures latines et qu'on mêlât quelques mots latins à sa propre langue, on s'imaginait parler latin. Cette dernière langue continua à rester en honneur après la conquête des Francs, parce que ceux-ci avaient une langue trop barbare, dont on ne se servit jamais dans la religion, la politique et l'administration. Ils adoptèrent la langue latine pour la publication de leurs chartes, de leurs lois et de leurs ordonnances; les sentences des tribunaux et les conventions particulières continuèrent à être écrites en cette langue. Le latin était également consacré par la religion et par le culte, quoique dans les tems d'ignorance on ne la comprit plus, si ce n'est dans les cloîtres. Cependant le peuple se disait Romain. On avait honte sans doute de la domination des Francs, tellement qu'encore aujourd'hui si on demande à un paysan d'Alsace et des environs de Belfort, quelle est la langue de son village, il répondra : C'est le romain, et ne dira pas le patois. (a)

Il se peut que la plus grande partie des langues de l'Europe viennent du celtique; mais depuis bien des siècles avant l'ère vulgaire le gaulois, le theuton, le grec, le latin, avaient pris des caractères bien différens l'un de l'autre. Si une peuplade de Celtes conquit les Gaules huit à neuf siècles avant notre ère, ces Celtes avaient une langue particulière qui ne pouvait ressembler à celle des Gaulois ni à celle des autres peuples européens. Cette langue dût se fondre et se perdre après

---

(a) Les paysans du canton de Vaud et ceux qui habitent les frontières de la Suisse, appellent également leur langage roman ou réman ; il ne diffère du nôtre que par ses terminaisons sonores, et par quelques mots empruntés du latin que notre patois a négligés, ainsi que par quelques autres qu'il a conservés de l'ancienne langue gallicane et qui se sont perdus chez nous. Voyez l'Essai statistique sur le canton de Vaud. Zurich 1815.

leur invasion, dans le langage des peuples conquis qui étaient certainement plus nombreux que le peuple conquérant. La langue de celui-ci ne dut se conserver que dans quelques endroits à l'écart, où ils se trouvaient en plus grand nombre.

On a la preuve que le gaulois et le celtique n'étaient pas un même langage dans le passage de Sulpice Sévère qu'on a déjà cité. *Tu vero, Celtice vel si mavis Gallice loquere.* Et on se tromperait de croire que ce terme *Gallice* indiquait alors le latin corrompu qu'on a appelé depuis langue romane, puisqu'on a vu par différentes citations d'auteurs anciens que ce que les Romains nommaient langue thusque, gauloise ou rustique, était une même langue. Mais on demandera indubitablement, quelle était donc cette langue celtique dont parlent les auteurs qui n'était pas la gauloise et qu'on soupçonne n'être pas la theutone? Certes, il serait bien difficile de la reconnaître et de l'indiquer.

Mais comme j'ai déjà dit que je présumais que les Romains avaient donné le nom de Celtes à tous les peuples soit-disant barbares qui, à l'exception des Grecs, étaient établis en Europe, il serait possible que cette langue celtique n'eut jamais fait une langue à part, n'ait eu aucun caractère distinctif, et que les autres langages différens du gaulois, comme le theuton peut-être, eussent reçu très-anciennement le nom de langue celtique.

Malgré tout le respect dû aux savantes recherches de Bullet, dont j'ai certainement profité, on peut dire qu'il n'a vu partout que la langue celtique; aussi trouve-t-on par centaines, dans son Dictionnaire, des termes qui signifient eau, rivière, montagne, colline, habitation, etc., pendant qu'il est à croire que la langue celtique, comme langue primitive, devait être très-pauvre en synonimes de même que le sont l'hébreu et le chinois. En ouvrant son Dictionnaire au hazard, j'ai trouvé, vol. I.er de la page 208 à 215, seulement quarante-trois mots différens pour signifier rivière. (a) En suivant cette proportion on trouverait dans son Dictionnaire, je ne dis pas quelques cents, mais des mille mots pour signifier la même chose. La proportion est

(a) Voici quelques-uns de ces mots: Nant, loh, av, llyn, on, en, open, a, or, sen, ty, reg, ens, chy, lys, jon, lait, fen, dan, ber, gi, hor, jad, liex, beren, llant, in, saw, neeve, etc.

presque aussi grande pour les mots, montagne, source, habitation, ruisseau, confluent. Peut-on raisonnablement supposer qu'une même langue, tant riche soit-elle, ait eu autant de mots différens pour désigner un même nom? et ne doit-on pas, d'après cela, conjecturer que Bullet a pris pour du celtique, toutes les expressions qu'il a pu réunir dans les différens idiômes parlés, non seulement chez les bas-Bretons, chez les Gallois et chez les Basques, mais encore dans bien d'autres provinces, et qu'il en a formé un tout qu'il appelle à tort ou à raison langue celtique. Par l'inspection de son Dictionnaire, on voit que le grand nombre des consonnes qui entrent dans la composition de ses mots, les fait ressembler beaucoup plutôt à la langue theutone et aux langues du nord, qu'à la langue gallicane que j'envisage être, comme je me le persuade et comme au reste on l'a vu, le patois dont nous nous occupons.

On compte dans le Dictionnaire de Bullet plus de cent mille mots, ou autant que dans trois ou quatre des langues parlées aujourd'hui en Europe. Cette prodigieuse quantité de mots pour une langue qui ne devait être rien moins que riche en expressions et en synonimes, ne rend-elle pas suspectes les sources où Bullet a puisé et l'authenticité des termes qu'il veut faire passer pour celtiques?

M.r Fleuri de l'Ecluse, dans un ouvrage publié récemment (1827) reconnaît ou prouve que la langue basque a de l'affinité avec la carthaginoise; or comment pourrait-elle en avoir avec la celtique, si on ne suppose que les Carthaginois étaient eux-mêmes des Celtes. (a)

La langue que parlaient les Gaulois n'était certainement pas non plus la même que celle des Germains. César en fournit la preuve quand il dit qu'Arioviste, après un séjour de quatorze ans parmi les Gaulois, avait appris leur langue, et Suétone dit que Caligula obligea plusieurs Gaulois à apprendre la langue des Germains. (b)

Cependant il est vraisemblable qu'on parlait allemand (c) dans quelques lieux situés sur la rive gauche du Rhin du côté de la Batavie, ainsi que dans les contrées où les Cimbres et

---

(a) Voyez la première note de ce chapitre.

(b) Suet. in Caligula, cap. 47.

(c) Le mot d'allemand, allemanni vient peut-être du mot allemand, *alle Mænner*, comme s'il

les Theutons avaient pénétré comme on l'y parle encore aujourd'hui. Cæsar lib. 1, cap. 33.

On parlait aussi gaulois dans le fond de la Germanie, d'après ce que dit Tacite, *de moribus Germanorum*, Gothinos gallica, Osos pannonica lingua, coarguit non esse Germanos. (a) Et certainement cette langue gallicane parlée en Germanie n'était pas le Roman, mais plutôt la langue que les Galates portèrent en Asie près de trois siècles avant l'ère vulgaire.

Cette langue des Galates était à-peu-près la

---

n'y eut eu d'autre peuple qu'eux. Tacite parle d'un de leurs dieux qui s'appelait *Mannus*, le même sans doute que les Germains regardent comme leur premier roi et qui vivait du temps d'Abraham. Aventin.

(a) Cela ne doit pas surprendre quand on a lu dans Tite Live décad. 1, lib. 5, cap. 34, l'expédition de Bellovése et de Sigovèse, frères gaulois, faite du tems de Tarquin l'ancien. Le premier se dirigea sur l'Italie et fit trembler les Romains, le second prit le chemin de la Grèce et s'établit avec sa colonie dans la Pannonie, l'Illirie et sur les rives du Danube, pays que les anciens auteurs allemands appellent Gallo græcia. Vid. Avent. pag. 23. Schœpflin Vindic Celt. § 35. Les descendans de ceux-ci vainquirent ensuite les Grecs et passèrent dans l'Asie mineure tandis que Brennus, deux siècles plus tard, vengea les premiers dans Rome. Justin 25 — 2.

même qu'on parlait à Trève ainsi que le dit saint Jérôme dans la préface du second livre de son Commentaire sur l'Epitre aux Galates qu'il écrivait vers la fin du 4e siècle, que je crois avoir déja cité. *Galatus, excepto sermone grœco, quo omnis oriens loquitur propriam linguam eandem pene habere quam Treviros.* La langue de Trèves était le patois dont nous parlons, qui s'étendait jusqu'à Liége, qu'on parle encore dans les Ardennes, près de Luxembourg et même plus loin. Ce patois, ou ce dialecte de la langue gallicane était la langue propre des Galates. Cela annonce que la troupe gauloise, qui s'était séparée de l'expédition de Brennus, sous le commandement de Leonor et de Luthaire, et à laquelle Nicomède, roi de Bythinie, assigna pour demeure la Gallo-Grèce dans l'Asie mineure, sortait de la Belgique et de nos contrées.

L'époque à laquelle saint Jérôme écrivait, datait d'environ sept siècles après que les Gaulois se furent transplantés au milieu des Grecs. Cependant la langue de leur ancienne patrie ne s'était pas encore perdue parmi eux; à plus forte raison peut-on dire qu'elle ne s'était pas perdue non plus à Trèves et dans les Gaules, et il s'ensuit incontestablement que si cette langue se parlait encore dans les environs de Trèves à la fin du 4.e siècle et par conséquent au 5.e, l'histoire ne nous présente, depuis cette époque, aucune circonstance assez forte pour l'avoir anéantie.

On ne voit donc, dussions-nous nous répéter, aucune possibilité que le patois, qui est le même à Liége que chez nous, ait pu se substituer à l'ancienne langue gallicane dans toutes ces frontières du Rhin, chez des peuplades qui sont très-écartées l'une de l'autre, sans aucunes relations entr'elles, et qui vivent en partie sur les sommets des Vosges et du Jura. Il faut donc nécessairement en conclure que le patois est l'ancienne langue gallicane ou au moins un dialecte de cette langue, qui s'est conservée à travers les siècles à-peu-près sans altération et comme on le parlait il y a trois mille ans dans ces contrées.

Schœpflin qui, dans son Alsatia illustrata Tome I, page 88, recherche quelle était la langue de nos contrées du tems de César, nous dit après bien d'autres auteurs que c'était la celtique, et il nous renvoie dans la Basse-Bretagne et dans le pays de Galles, pour en retrouver des vestiges. Mais quelle était donc cette langue qu'on parlait à Trèves et dans le pays des Galates à la fin du 4.e siècle? La langue des Galates ne pouvait être une autre langue que celle des Gaules au tems de César, celle qu'on parlait encore à Trèves environ cinq siècles après la conquête des Gaules. Avait-elle pu s'éteindre subitement et être remplacée par le patois qu'on parle aujourd'hui en Comté, en Alsace, en Lorraine et qu'on parlait déjà en 842 à Strasbourg, langage vulgaire dans lequel les troupes de Charles-le-Chauve prêtèrent leur serment? L'anéantissement de cette langue des Tréviriens est impossible. Il est donc constant que le patois nous conserve encore la langue des Gaules, et que ce patois n'était pas la soi-disant langue celtique du pays de Galles et de la Basse-Bretagne. Et comment un même langage, un même dialecte se serait-il formé dans toute la frontière des Gaules, depuis la Suisse jusqu'à la Batavie, comment les Gaulois auraient-ils perdu, dans les 4.e et 5.e siècles, leur ancienne langue pour adopter un jargon roman provenant de la langue latine, dans le tems que ces Gaulois des frontières subissaient le joug des Germains et que les Romains étaient écartés des rivages du Rhin?

Au surplus, il n'y a rien d'étonnant que cette langue se soit ainsi conservée sans altération considérable. Elle était formée depuis les tems les plus reculés, et c'était un principe chez les Gaulois de ne souffrir aucune innovation dans leur langue. Leurs institutions tendaient à empêcher ces innovations.

Mais ce qui paraîtra surprenant, attendu que les anciens prêtres gaulois ou druides ne permettaient pas de consigner par écrit les dogmes religieux, c'est que d'après des autorités respectables, ce serait des Gaulois que les Grecs auraient eu leurs premiers caractères d'écriture. Archiloque lib. 4 de temp. dit que vers le temps de la ruine de Troyes Cadmus avait apporté en Grèce des caractères d'écriture grossiers et barbares à la vérité, réformés ensuite par Homère qui leur donna une tournure plus élégante; que ces caractères ne ressemblaient en rien aux caractères phéniciens, mais à ceux des Galates et des Mæoniens. On sait que les Grecs appelaient en général les Gaulois, *Galates*. (a)

(a) Galatas dictos, ita enim Gallos, sermo Græcus apellat. Amm. Marcell. lib. 15, cap. 9.

Xénophon *de equivocis* dit aussi qu'un cinquième Cadmus peu avant la ruine de Troyes, fut le premier qui rapporta de Phénicie en Grèce des lettres grossières au nombre de seize; au reste, ajoute-t-il, non celles dés Phéniciens, mais des caractères très-semblables à ceux des Galates et des Mæoniens, *rediens a Phœnicia detulit in Grœciam primus, sexdecim numero litteras rudes non phœnicas, sed galatarum et Mœonium persimiles caracteribus.* Et voilà ce qui rend plus que vraisemblable, ce que Strabon nous dit lib. 4, que les Gaulois se servaient de la langue grecque ou de lettres grecques dans leurs contrats. (a)

(a) Monumenta et tumulos quosdam, græcis litteris inscriptos, in confinio Germaniæ Rhetiæq. adhuc extare. Tacite de moribus germ. 3. Les druides tiraient aussi leurs noms de la langue grecque dans laquelle, drus signifie *chéne.*

CHAPITRE VIII.

De quelques particularités concernant la langue et les institutions des Gaulois et résumé de ce que nous avons dit jusqu'à présent.

Nous avons vu que les Gaulois avaient des opinions et des institutions particulieres très-différentes de celles des Grecs, (a) que ces institutions furent d'abord celles des Romains; que lorsqu'ils les eurent quittées, ils ne purent engager les Hétrusques à faire comme eux, parce que ceux-ci ne voyaient que des fables dans tout ce qu'enfantait l'imagination enthousiasmée des Grecs.

(a) Si le récit de ce qu'on sait de la théologie des Gaulois ne m'écartait pas trop de mon sujet, je pourrais consigner ici quelques détails sur leur culte, leur morale et leurs opinions religieuses; mais cela ne donnerait aucun relief ni aucun poids au sujet particulier que je traite. On trouvera bien des choses intéressantes à ce sujet dans Aventin; dans un ouvrage que j'ai entre mains, mais dont le titre manque, intitulé, je crois, Mémoires des Bourgougnons de la Franche-Comté; dans la Gaule poétique de M.r Marchangi et dans bien d'autres ouvrages déjà cités.

Daviez Gallois nous apprend que les Bardes abhorraient tout changement dans leur langue, que leurs lois s'opposaient à toute innovation, et même qu'elles leur accordaient des récompenses pour la maintenir dans son antique pureté. « A qua novitate semper adeo abhorruimus, ut legibus cautum fuerit ne Bardi » vocum novitati operam darent, sed vetustæ » linguæ custodes etiam constitutis præmiis » designarentur. »

Enfin leurs instutions étaient de nature à prévenir toute espèce d'innovation; chez eux toute la doctrine et toute la théologie étaient confiées plutôt à la mémoire qu'à l'écriture. Les jeunes gens devaient tout apprendre par cœur. Le tems des études était quelquefois de vingt ans. Les prêtres étaient les seuls instituteurs de la jeunesse. Toutes les matières concernant la religion étaient mises en vers, et ces vers étaient sans doute composés dans le dialecte le plus épuré des Gaules. On doit croire que ce qui avait été appris avec tant de peine et de soin, ne devait plus s'effacer de la mémoire, et que cela servait nécessairement à rendre la langue uniforme dans les Gaules. Enfin tous les prêtres de la nation étaient soumis à un chef, à un souverain pontife. Cæsar de bell gall lib. 6, cap. 13 — 14. Ces prêtres se réunissaient une fois chaque année, de tous les endroits de la Gaule, dans le pays des Carnutes. On réglait dans leurs assemblées les affaires de la religion. On se rendait de tous côtés auprès d'eux pour la décision des procès. D'ailleurs avant qu'ils aient été sous le joug de Rome ils tenaient des états généraux, où les chefs de toutes les cités se réunissaient pour traiter des affaires publiques. Toutes ces institutions en général ne pouvaient que contribuer à entretenir une langue commune et uniforme dans les Gaules.

Quant aux vers qui renfermaient leur doctrine, ces vers ont assuré nécessairement la durée de la langue aussi long-tems que le paganisme s'est soutenu. Il n'est également pas douteux qu'aussi long-tems qu'il y a eu des payens dans les Gaules, ils ont eu leurs prêtres Druides, Bardes, Eubages qui conservaient les institutions anciennes et nationales. (a)

Ces prêtres dûrent se retirer du côté des montagnes à mesure que le Christianisme s'étendait. — On sait qu'il y avait encore des

---

(a) Les Druides exilés sous Tibère et Claude, reparurent plus tard comme Tacite le dit.

payens dans nos montagnes et dans les campagnes des environs du Montbéliard aux 8.e et 9.e siècles. La preuve s'en trouve dans l'histoire de St. Mainbodius, appelé communément saint Mainbœuf, histoire conservée dans les archives de l'église saint Jean de Besançon. On y lit que ce Mainbodius, écossais, avait été employé pour prêcher l'Evangile dans les environs de Montbéliard et qu'il fut tué par les infidèles près de Froidefontaine. Son corps fut déposé dans l'église de Dampierre outre-les-bois. Les miracles qui s'opéraient sur son tombeau firent qu'Atton, comte de Montbéliard, demanda la translation de ses ossemens dans l'église saint Pierre de cette ville. Cette translation fut accordée par Bérenger, archevêque de Besançon, et faite à la fin du 10.e siècle.

Enfin ne peut-on pas se persuader qu'un peuple dont toute la doctrine était mise en vers et se chantait, n'ait eu une langue à peu-près régulière et peut-être harmonieuse?

Les poésies des Gaulois confiées à leur mémoire, ne pouvaient pas souffrir d'altération parce qu'elles tenaient à leur religion, et aussi long-tems qu'elles se sont conservées, elles ont entretenu l'ancien langage.

Mais cet ancien langage ne s'est pas perdu puisque d'après tout ce que nous avons rapporté à son sujet, nous le retrouvons aux 7.e, 8.e et 10.e siècles tel, à peu de chose près, que nos campagnards le parlent encore aujourd'hui. Nous en avons vu aussi des vestiges épars dans des auteurs anciens qui ont de beaucoup précédé l'ère chrétienne. Mais d'où lui vient ce nom de Patois? pourquoi ce langage ne s'appelle-t-il pas langue gauloise ou gallicane? J'ai déjà dit et répété qu'une partie des Gaulois avaient changé leur nom ancien contre celui de Celtes, qu'ils perdirent celui-ci pour se donner celui de Romains et qu'ils ont ensuite abandonné ce dernier pour se donner celui de Français. La langue qu'ils parlaient a donc dû cesser aussi d'être nommée la langue gauloise. Cette langue fut méprisée des Romains, leurs vainqueurs, qui traitaient tout de barbares chez les autres nations. Ils l'appelaient ordinairement la langue rustique.

Après la chûte de l'empire romain, on parlait à la cour un langage grossier et rude qu'on appelait théotique et aussi thiois. La langue du peuple conquis, qu'on appelait les gens du pae ou du pa, eut sans doute alors le nom de pathiois, dont on a fait patois pour dire le langage des paysans. Ceux-ci étaient appelés Patauts ou Badauts, mot de mépris, tel que l'est devenu depuis celui de Vilain qui d'abord ne signifiait qu'habitant de village ou de campagne.

Il est donc très-probable, il nous parait même certain que le patois qui se parle encore dans les pays français de toute la rive gauche du Rhin (maxima Sequania) était l'ancienne langue gauloise. Ce patois est le même dans ces contrées et il ne se distingue, d'un lieu à un autre, que par une prononciation un peu différente. Cette prononciation suffit quelquefois pour que ceux qui se parlent ne se comprennent pas, ou au moins difficilement; et cela n'est pas étonnant. Mettez un Allemand parlant français en présence d'un Anglais sachant cette langue, ou même d'un Gascon et d'un Parisien, je doute qu'ils se comprennent, à moins d'une attention soutenue. Il en est de même d'un Français qui parlerait latin à un Allemand; leur prononciation seule rendra cette langue parlée inintelligible pour eux, quoiqu'écrite elle soit la même pour tous.

Enfin ce patois se parlait aux lieux que j'ai indiqués, lors de la fondation de Rome; il s'y parlait sous la République, sous les empereurs à-peu-près comme il s'y parle encore aujourd'hui. Cette langue n'est donc pas fille de la langue latine ; au contraire, celle-ci paraît en être dérivée et avoir emprunté d'elle et de la theutone ses mots et son génie. C'est à cette dernière qu'elle est redevable peut-être de ses inversionss Les relations que Rome dut avoir avec la grande Grèce, le mélange de ses habitans avec les indigènes d'Italie, auront influé sur le génie de sa langue et lui auront fait prendre, secondées du climat, les tours cadencés et harmonieux qui la distinguent. (a)

Or si la langue gauloise est mère de la latine, il n'est pas douteux que les premiers Romains ne fussent Gaulois ; que ceux-ci, refoulés très-anciennement dans l'Italie par l'invasion des Celtes (b) ou d'autres

(a) Plin lib. 12, cap. 1, dit que c'est de nos pères que les Romains reçurent les premières leçons d'éloquence. Vid. Gaul. poet. Tom. 1, p. 53.

(b) Mon opinion est, que ces Celtes sur l'origine desquels nous avons déjà tant discuté, puisqu'ils étaient originairement un peuple distinct des Gaulois et peut-être des Theutons, quoique ces deux derniers peuples aient reçu indifféremment le nom de Celtes des anciens auteurs grecs et latins, ne pouvaient être que les Gots qui, venus d'Asie, ont occupé premièrement la Scytie et la Sarmatie

peuples sortis de la Germanie, n'y ayent porté leur langage et leurs mœurs.

Ainsi les langues latine, italienne, espagnole, romance, française, seraient filles de l'ancienne langue gauloise conservée dans le patois des pays dont nous avons parlé, et particulièrement dans les villages qui avoisinent le Montbéliard (l'ancienne Rauracie);

---

et se sont répandus delà dans tout le nord de l'Europe, et sans doute plus tard dans les Gaules et la Germanie. Que leur langue a donné naissance aux langues du Nord ainsi qu'à la langue allemande, que tous les savans regardent comme fille de la danoise, qui s'écrivait jadis au moyen de caractères dits runiques. Le premier qui ait parlé de ces caractères est Vénantius Fortunatus, évêque de Poitiers et ami de Grégoise de Tours vers la fin du 5.e siècle.

» *Barbara fraxineis pingatur runa tabulis.* »

Cependant George Keisler, homme très-savant, prétend que les monumens Runiques n'offrent pas le moindre vestige de caractères quelconques; voici ses termes : « Neque enim ipsi lapides ulla litterarum vestigia aut habuere unquam aut conservarunt, neque veterum quisquam hac de re memoriæ quid quam prodidit cui fidem nostram addicere possemus. Recentiores ævi scriptores qui horum monomentorum mentionem injecerunt rem tricis magis involverunt quam explicarunt. » *Antiquitates selectæ septentrionales et celticæ.* 1720, in-12, cap. 2.

langue qui, comme nous l'avons fait observer, a toujours été distincte de celle des Celtes et des Theutons.

Nous sommes pour ainsi dire convaincus que cette hypothèse en apparence, a pris toutes les couleurs de la vérité, par les détails où nous sommes entrés et par les preuves irrécusables que nous croyons avoir fournies.

Je n'ignore pas que des savans Allemands retrouvent dans leur langue l'étymologie de la plupart des noms de villes et des fleuves d'Espagne, comme je pourrais le faire voir d'après un petit ouvrage en forme de dissertation publié à Tubingue en 1706 *autore Colero*, lequel prétend et cherche à prouver que l'Espagne (l'ancienne Celtibérie) est le berceau des Celtes et une ancienne colonie de Tharsis et de Sidon. On peut conjecturer de là, comme nous l'avons dit et redit que tous les peuples de l'Europe eurent le nom de Celtes avant qu'ils aient formé des peuples distincts, et qu'ils aient eu des chefs et des institutions propres. Au reste, nous n'avons fourni à ce sujet que des conjectures et des preuves incomplètes; mais nous avons voulu faire voir combien on est embarrassé quand on veut assigner un rang distinct à ce peuple et à sa langue.

CHAPITRE IX.

Quelques observations à l'appui de ce qui précède. Etymologies latines-patoises. Parallèle des deux langues.

AVANT d'aller plus loin et d'offrir des échantillons de notre patois ou langue gallicane, je ferai encore quelques observations sur l'analogie qui existe entre lui et le latin; je lui confronterai aussi quelque mots allemands.

Malgré la grandes quantité d'expressions que cette langue latine a prises de la theutone, elle en a emprunté un bien plus grand nombre de la langue gallicane, et c'est à cause de cette grande quantité d'emprunts, qui est incontestable, que nous n'avons pas cru devoir mettre en regard les mots dont le latin s'est enrichi au préjudice de cette même langue, quoique nous l'ayons essayé en faveur de l'allemand.

Au reste il sautera aux yeux de tous ceux qui sont tant soit peu initiés dans la connaissance du patois, que le latin a emprunté de lui plus de la moitié de ses mots; et comme il suffit pour cela de connaître la langue française, qui, comme nous l'avons dit, est fille de ce patois tant par ses mots que par son génie, on verra au premier coup-d'œil ce que le latin lui doit, supposé toutefois que ce que nous avons dit dans les chapitres précédens, soit pris pour démontré, ce dont nous avons lieu de douter, si nos lecteurs ne voient pas avec les mêmes yeux que nous et n'acquièrent pas la même conviction.

Les mots latins dont l'étymologie ne se retrouve ni dans le patois, ni dans l'allemand, ni dans le grec, et ils sont encore passablement nombreux, ne peuvent avoir été pris que dans les langues indigènes de l'Italie au tems de la fondation de Rome ou peut-être plus tard.

Le mot *ignis* par exemple, pour feu, ne vient d'aucune de ces trois langues; cependant de fue ou fo patois, on a fait *fulgeo*, *fulgo*, *fulgor*, *focus*, etc. Il en est ainsi de *mulier*; le patois dit fonne et l'allemand Weib. — *Bellum*, le patois dit guerre, l'allemand Krieg — *equus;* le patois dit tschouva, l'allemand Pferd. — *Cras*, demain, Morgen, etc. Ces observations suffiront pour ne point multiplier les exemples.

Mais *macer*, vient du patois maigre, allemand mager. — *Cuprum*, de couvre patois, cuivre, Kupfer allemand.

Pugna peut venir de poue ou pouet, poing, *pugnus*, comme si l'on se fut battu à coups de poing. De là pugilat; le patois dit béteille, l'allemand Streit. (a) — *Muria*, *æ*, vient de muere patois, eau salée ou peut-être de muerotte (espèce de salade). — *Foras* dehors, de fo patois. — *Armarium* d'armére patois, armoire; *cista*, de Kasten allemand. Le patois dit : cotchie, serrer; catchale, lieu secret, cachette, d'où le verbe cacher. — *Tina* (varro) vient de tene patois; Tonné allemand; tine; mesure ou vaisseau plein de vin. — *Via*, *viator*, vient du patois, vie; en français chemin. — *Culter* de coutre, soc de charrue. — *Vagari* de veg ou vag, allemand; chemin, charriot; de là divaguer. — *Arare* de errai patois, labourer. — *Titilare*, chatouiller (cic.) peut venir de teti ou titi patois; mamelon, le bout du sein. (b)

Spuere de speyen allemand ou écupai patois.

(a) Batuo, ui, ere (Plaut) signifie battre, qui vient de bettre, patois, et béteille idem. Streit et Schlagen allemand.

(b) Demandez plutôt. . . .

— *Grunnire* vient de rouenai (a) patois, gruntzen allemond; grogner. —

Speculum de Spiegel allemand. — *Pejus*, de pé patois, pire. — *Latro*, de lorron patois. De là peut-être aussi le verbe *latrare*, aboyer, crier au voleur. — *Gula*, vient de gule patois; gueule. — Dgeolai patois, égelé; le latin dit *gelu*, *gelatus*. (Plin.) *Mos* et *modus*, viennent de mode, qu'on dit également en patois, en français et en allemand. *Suo modo vivere*, (Ter.) vivre à sa mode. *Ita mos est* (Cic.), c'est la mode.

Laborare, vient du patois, loboirai, travailler la terre; *labor* de loboiraidge, labeur français. Mais d'un autre côté échalas français, semble venir de *characias* latin (Plin.) Le patois dit pieché, l'allemand Rebstock. — Las, français, de *lassus* latin; le patois dit sôle; l'allemand müth. Grabat, français, de *grabatus* latin, etc.

J'ai indiqué de préférence ce peu de mots entre mille autres, parce qu'il n'était pas facile

---

(a) Rouenai se dit des porcs; movoinai des hommes; ce verbe vient de movon, estomac; stomachari latin. Le patois dit aussi: échetoumai ou estoumai pour estomac.

de découvrir leur étymologie. Il en est de même des suivants ; mais remarqués que lorsqu'un mot se trouve être le même dans les trois langues, il est à croire que le mot latin est le cadet des trois.

Les patois pour appeler leurs poussins ou oisons, leur disent : Pipi, pipi ! Les latins qui étaient obligés d'ajouter une terminaison aux noms primitifs pour l'inflexion ou désinence des cas de leurs déclinaisons ont fait de ce mot *pipio*, *onis*. (Lamp.)

J'ai trouvé que les Romains disaient, *mia clamare*, nos paysans mioler et les Français miauler. Cette légère différence de prononciation ne provient pas sans doute des chats romains ou gallicans, mais des oreilles et du gout de ceux qui exprimaient leur cri. Au reste je crois que les Romains disaient *miare*, quoique ce verbe ne se trouve pas dans leurs auteurs. L'Allemand dit miauen. — *Cuneus* latin, coin français, vient de cugnot patois, de là peut-être caigne, femme lascive et cugnot, enfant illégitime. Trouesse et troubie patois ; marc résidu d'eau sâle ; trouble français ; trüb allemand. — *Turbidus* et *trux* latin. N'est-il pas incontestable que ces mots ont la même racine et la même origine.

Iou, exclamation patoise qui marque la joie ; les Romains disaient *ïo* ; de ïou ils ont fait *juvare*, *juvat*. Le patois dit se rédjoyir. — Gelene, patois, *galina*. — Reine, id. grenouille, *rana ;* aivri patois, abri français; latin *apricus*. Ai l'aivri s'entend du vent ; et ai lai sôte ou soete, à l'abri de la pluie. *Soter* latin (Cic.) veut dire protecteur, soutien, qui met à couvert, de même que soetin et soete patois. — *Pullus* latin, vient de poulot, jeune coq, ou poule poulaine. — *Iterum* latin, vient de viderum allemand. — *Cupio* latin, vient de coeuvir patois, von Herzen wünschen allemand. Les Latins disaient aussi *cordare*. — *Ronchissare* latin (Plant.) ronfler, vient de ronchai patois. — *Saltare* latin, vient de satai patois, sauter, danser. — *Testa* vient de têtot patois, test français, Topf allemand. — *Papilio*, de perpeliot patois, papillon, Sommervogel allemand. — *Pupa* latin, vient de poupe patois, poupée. *Pupam se dicit cum sit anus.* Mart. On dit aussi en patois *poupot* et *poupotte*.

Saga, (Cat.) et *sagum* (Cic.) vient de saye et sarot patois, habillement de guerre des anciens Gaulois et des Romains ; espèce de blaude, roulière. — *Rancens*, *rancidus*, vient de rance patois, ranci, qui se gâte. *Lai rance* patois, *lardum rancidum*, lard ranci. — *Coquere*, cuire, vient de cœure patois, kochen allemand.

Disertus latin, vient de disu patois. (a) Bé disu, homme éloquent; on dit aussi casu, parleur; d'où causidicus, et case bin, patois; *bene causam dicit*.

Le derrière est aussi appelé *culus* en latin (Catulle). Les Romains ont sans doute pris aussi ce mot de notre patois, *cu*.

Et notre Mont-bard, *Mons bardorum*, où on va en pélérinage tous les ans pour cueillir les *campenottes* qui ont remplacé le gui sacré que les Druides y cueillaient jadis. (b) Et notre Mairiotte *Maii regina*, qui célèbre par ses chants et son costume le retour du printems, ainsi que *lou jou des fo* (Carnaval) et la

---

(a) Disertus ou dicendi peritus est employé pour éloquent par tous les auteurs latins plutôt que pour savant. — Le patois dit aussi loquence pour éloquence, *loquela* latin. (Lucrèce).

(b) L'année commençait chez les Gaulois avec le mois de Juillet, et le gui se cueillait à la fin de la sixième lune; mais les campanulles qui pulullent sur cette côte, fleurissent en Mars et Avril. Au reste les vieilles habitudes disparaissent insensiblement.

Tante-Airie (a) n'attestent-ils pas que nos villages sont surannés et qu'ils ont conservé quelque chose de la Mythologie gauloise?

Qu'un peuple à présent vienne se targuer de son ancienneté! Les Romains ont soumis les Gaulois dont ils descendaient. Les Gaulois ont imposé les mots de leur langue au latin. Les Romains et leur langue ont disparu; mais l'ancienne langue gallicane, qui ne le cède ni à la celtique ni à la theutone pour son âge et qui ne les répète pas pour ses alliées, existe encore dans notre patois avec les descendans des Gaulois.

Et c'est aussi chez eux qu'est la vraie utopie! (b)

(a) De là, ou de *riolu* patois, le latin a fait *Ariolus*, (Cic.) charlatan, devin, Wahrsager, et *hariola* sorcière, (Plaut.) La fée Arie, dans nos contrées, est une porteuse de bonnes nouvelles, la protectrice des enfans... des airets, en patois. — Riolu patois, signifie conteur, charlatan. Enne *riole*, un conte en l'air, une duperie. En langue romance Arie signifie colère. Lacombe.

(b) C'est-à-dire, qu'au lieu d'y recueillir de l'or et d'y jouir de la vie comme en Cocagne, on y vit content, on s'y perpétue et on s'endort avec des pommes-de-terre, des gaudes, de la muerette et des fruits secs.

CHAPITRE X.

Echantillons du patois parlé à différentes époques et en différens lieux. Conclusion.

APRÈS les mots indispensables à un peuple pour exprimer ses sensations, puis ses idées, il semble que les plus anciens monumens d'une langue doivent se retrouver dans ses proverbes. Cette manière d'exprimer une ou plusieurs choses dans une sentence simple et concise, ainsi que d'employer un sens figuré ou détourné pour arriver à un but réel et positif, se fait remarquer dans les langues orientales et primitives à un haut degré. Toutes les langues au reste sont riches de ces sentences. Notre patois en a sa part, et il a paru convenable avant d'éplucher d'avantage ce langage, de consigner ici une partie des proverbes qu'il a consacrés, et qui se retrouvent dans la bouche du peuple patois, tant dans le Jura que sur les Vosges, en Alsace qu'en Franche Comté. Ces Proverbes ont sans doute une origine qui va se perdre dans la nuit des tems; car enfin le Ban-de-la-Roche qui n'a jamais eu de communication directe ni indirecte avec les paysans du

Montbéliard et du pays d'Ajoie, pas plus qu'avec ceux de la Franche-Comté et de la Bourgogne, ne peut avoir emprunté d'eux, ni eux de lui, des proverbes et même des chansons dont nos ancêtres (nos vieilles gens) berçaient leurs enfans. Ces proverbes et ces chansons qui se retrouvent à de si grandes distances ont une antiquité telle, que la langue latine doit paraître jeune auprès d'eux.

Je vais donner ici une partie de ceux qui sont à ma connaissance.

PROVERBES PATOIS.

Beillie sai coue a tschet,
Jeter sa langue aux chiens.

Cetu que ne maindge pé et lai table maindge et l'étale, (stabulum)
Celui qui ne mange pas à la table mange à l'écurie.

Et foeche de poeson et fa crevai, (*crepare* Virg.)
A force de poison il faut périr.

Lou bon maître fait lou bon valot,
Le bon maître fait le bon valet.

Ça les veils sendges que fan les pu belles grimaices,
Ce sont les vieux singes qui font les plus belles grimaces.

Chécun son métie les pô sont bin vodgeai,
Chacun son métier les cochons sont bien gardés.

Chéque osé trouve son nid bé (*bellus*),
Chaque oiseau trouve son nid beau.

Piere que role n'aicate pe de mousse,
Pierre qui roule n'attrape pas de mousse.

Cetu que tint lou sai et cetu que boute dedans sont achi lorrons l'un que l'âtre,
Celui qui tient le sac et celui qui l'emplit sont aussi voleurs l'un que l'autre.

Et soene médi ai quaitchose hure,
Il sonne midi à quatorze heures.

Quand lou pô a grai et casse sai soe (*suile*),
Quand le porc est gras il casse son étable.

En vint sedge et ses dépens,
On vient sage à ses dépens.

In malheur ne vint pé tout po lu,
Un malheur ne vient pas seul.

En fait di loup lou boirdgie,
On fait du loup le berger.

Cu refuse eppré muse (latin *mussat*),
Qui refuse après muse.

Et ſa laichie les boenes où Chailemigne les ai piantai,
Il faut laisser les bornes où Charlemagne les a plantées.

Aipré lai pludge lou cha vin,
Après la pluie le beau tems.

Cu hante les chins aicate des puces,
Qui hante les chiens attrape des puces.

Et va meu dèche de biossie qu'un de tuai,
Il vaut mieux dix blessés qu'un de tué.

Lou bon Due beille des noué ai ça que ne sans pé les écreutchai (*cruciare*),
Le bon Dieu donne des noix à ceux qui ne savent pas les casser.

Et ni et pé de ſue sans ſemiere (*fumus*),
Il n'y a pas de feu sans fumée.

Et ne ſa pé pottai pu ha que lou cu,
Il ne faut pas voler plus haut que les ailes ne peuvent porter.

Laigaisse a in bé osé, mais quand en lou voit trou et sole.
La pie est un bel oiseau, mais quand on le voit trop souvent il ennuie.

Tout ce que relu n'a pé de l'oe,
Tout ce qui reluit n'est pas de l'or.
Non omne quod lucet aurum est. *Virg.*

Chanson patoise du Montbéliard.	*Traduction.*
Ça dans lai rue lai ha	C'est dans la rue là haut
Que y e enne mason (a) bianche,	Qu'il y a une maison blanche,
Lai fille qu'a dedans	La fille qui est dedans
A belle et bin piaisante;	Est belle et bien plaisante;
Les aimoiru y van	Les amoureux y vont
Po derrie et po devan.	Par derrière et par devant.
⁂	⁂
Moi ki èto laimoiru	Moi qui étais l'amoureux
Y entri po lai grand poetche	J'entrai par la grand' porte,
Trouvi tra bé golans	Trouvai trois beaux galans
Quétin chéti de côte,	Qui étaient assis à ses côtés,
Me chieti chu in banc	Je m'assis sur un banc
Faisant sembiant di rire.	Faisant semblant de rire.
⁂	⁂
Y m'en olli a boe	Je m'en allai au bois
Pou péssai mai coulére,	Pour passer ma colère,
Trouvi di midiè bian:	Trouvai du muguet blanc:
En copi enne brance,	J'en coupai une branche,
Lou poutchi ai mai mie,	La portai à ma mie,
Ai maimie dans sai tchambre.	A ma mie dans sa chambre.

(a) Mason, *mansio* latin.

Teni, maimie, teni	Tenez, ma mie, tenez,
Voilai nos elliances :	Voilà nos alliances :
Votre cue et lou min	Votre cœur et le mien
Sont ailiai ensemble ;	Sont alliés ensemble ;
Et sont aivu pesai	Ils ont été pesés
Chu lai djuste bolance.	Sur la juste balance
Qu'en pese l'oe et l'ordgent.	Qu'on pèse l'or et l'argent.

AUTRE CHANSON.

Y so tout aimoiru	Je suis tout amoureux
Lou serai-dge londgement?	Le serai-je long-tems ?
Ça denne djuene fille	C'est d'une jeune fille
Qu'a dans l'aidge de quinze (ans.	Qui a l'âge de quinze ans.
Y ne sait selle m'aime	Je ne sais si elle m'aime
Ou selle en fait sembiau	Ou si elle en fait semblant
Ou selle en a lai fille	Ou si elle est la fille
De faire in atre aimi que moi,	De faire un autre ami que moi
In pu bé, in pu retche	Un plus beau, un plus riche
In pu mignon que moi.	Un plus mignon que moi.

Lai ! qui vouro bin étre	Las ! que je voudrais être
L'ôselot des bô voulant,	L'oiseau qui vole aux bois,
Tout dret m'en voulero	Droit je m'envolerais
Lou traivé des bô di roi ;	A travers les bois du roi ;
Es étangs de mon père	Dans les étangs de mon père
Y m'en viero baignoulai,	Je m'en irais baigner,
Chu lou dgiron de mai mie	Sur le giron de ma mie
Y m'en viero réchuai,	J'irais me ressuyer,
Chu lou dgiron d'mai mie	Sur le giron de ma mie
Y m'en viero baignoulai.	Je m'en irais baigner.

(a) Les anciens latins écrivaient som et non sum.

CHANSON

qui représente un voilleri ou danse du pays d'Ajoie.
(Patois du Montbéliard.)

Tire les raives mai coumère,
Tire les raives ſo di pou,
Te ne les maindge, maindge, maindge,
Te ne les maindgeré pé tou.

La même à-peu-près

au Ban-de-la-Roche.	*A Lunéville.*
Hai drelo mo ptet colo,	Tirlonchon mo ptiat colon
Te resenne mou bin to pére	Ta pu malin qu'to père ;
Té maindgie lai dché do po	Té maindgie lai chai di po,
Et té laichi lis fêves.	Ten es layie les fêves.

Rapporterai-je ici quelques vieilleries des campagnes du Montbéliard comme par exemple une chansonnette faite pour amuser ou endormir un enfant.

Branlé, chicouté,
Lai vetchotte et fait tra vé,
L'un a moe, l'âtre a vi,
L'ate s'en fu po ces pays ;
Djean-Fridri vai lou requer i
Aivo enne crôtotte de pain meusi.

Et celle-ci qui commence :

Pèsse lai raitotte, (a)
Traîne tai couetotte, (b) etc.

Et ce dicton des enfans :

Cancoirotte, voulvoulotte,
Ton père a chu lai goulotte, (latin stillicidium) etc.

Et tout ce qui n'est au reste que des niaiseries et des fadaises qui pourraient déparer cet ouvrage, si nos littérateurs étaient obligés de le gouter ou d'en gouter.

Je ne finirai pas avec le patois du Montbéliard sans lui confronter encore celui du Ban-de-la-Roche.

Voici une chansonnette faite pour amuser un enfant qui se trouve dans l'essai sur le patois lorrain de M. Oberlin, et qui est connue et chantée dans le Montbéliard.

(a) *Raitotte*, diminutif de rette, souris, *mai raitotte*, terme de tendresse qu'on dit à un enfant.

(b) *Coitotte*, petite queue; coue, cauda.

Ban-de-la-Roche.	*Patois du Montbéliard.*
Foare, foare mo dchya	Forre, forre mon tchouva
Pou demain allé au sa,	Pou demain ollai ai lai sa,
Foare, foare mo polain	Forre, forre mon rouçin
Pou d'main allé au bian pain	Pou demain ollai à vin
Lo pai, lo pai, lo trot, lo trot,	Lou pa, lou trot, lou galop.
Lo gailop, lo gailop.	

Traduction.

Ferre, ferre mon cheval
Pour aller demain au sel;
Ferre, ferre mon poulain
Pour aller demain au vin (au blanc pain)
Le pas, le pas, le trop, le galop.

Rechtel, Ban-de-la-Roche, rété, patois du Montbéliard; Reche, allemand; rastrum, latin, rateau.

Dompé, il n'y a pas long-tems. Le Ban-de-la-Roche dit domprun. *Domprun da adjdheu*, seulement dès aujourd'hui. (Hodie tum primum).

Bevenian si vos, Montbéliard; soyés les bien venus. Le Ban-de-la Roche dit: Benian sines vos. Bene adventi sitis.

Dgeure, Ban-de-la-Roche, coucher, loger, degere, latin; de la aidjou, couché.

Aigneau, aigné, agneau, agnus.

Allandre et ollondre, hirundo.

Chelté, Ban-de-la-Roche; gronder de schelten, allemand.

Chutlé *id.* secouer, sutchener, Montbéliard, vient de schüttlen, allemand.

Faerbe, Ban-de-la-Roche, couleur, vient de l'allemand; cueloue, patois du Montbéliard.

Tscha, Ban-de-la-Roche et Montbéliard; cha, Lunéville, chaud. — Tantche, heurt français, taquai et toquai, heurter, d'où tangere, latin.

Aïe, Ban-de-la-Roche et Montbéliard, oui, aïo latin.

J'ai déjà fait observer que tous les mots patois qui commencent par *ch*, se prononcent ordinairement par *tsch*, sauf quelques exceptions qui tiennent aux localités.

On voit par ce que nous avons dit jusques ici seulement, que notre langue gallicane doit avoir communiqué au latin plus de la moitié de ses mots; qu'elle est plus ancienne que cette dernière dont nous avons fait connaître la filiation, fixé l'origine et marqué les progrès; ce que nous n'avons pu faire pour l'autre, qui peut avoir fait des emprunts au theuton et plus tard au latin, mais qui, comme le français, a un génie tout-à-fait différent de ce latin dont jusqu'à présent on la cru mal-à-propos fille légitime. (a)

(a) On trouvera dans l'essai sur le patois lorrain de M. Oberlin, de quoi se satisfaire si on veut approfondir la différence qu'il y a entre le patois lorrain, celui d'Alsace, et le nôtre du Montbéliard. Au reste on remarquera entr'eux des airs de famille tels, qu'il sera impossible de méconnaître leur ressemblance, leur parenté et la relation qu'ils ont avec le latin, sous les rapports que nous avons indiqués. Voyez aussi Schœpfflin Tom I, page 97.

FABLE.

Patois de Lunéville.

Lo Rena a les Rahin.

In rena roueto a ha din âbre queuque graipes de rahins quation meures, il en v'lo maindgi, i se bayo topien de poine pou en aivoi. Ma comme qui n'peuvo les ettrepai i coitcho son chagrin a d'heuch en satant fiu, que ce nato me lai poine d'les maindgi quel ation savache a trou raffes.

Patois du Montbéliard.

LouRenai et les Résins.

In renai voyant a ha din airbe quéques graipes de résins que coumençin ai maivuri, el eut envie d'en maindgie, et se beilli toutes les poines pou en aivoi. Mais coume et ne poyai les ettropai et cotchi son chégrin et se savi en diant quet n'en v'liai pé maindgie pouche quel étin trou vo et trou fie.

Du Ban-de-la-Roche.

Lo R'nœ et lis Raisins.

In r'nœ aout vu é lé c'mèye din buos quéques graipes de résins que c'massin é meyeuri, il aoue enveïe den maindgi et il se d'neu torto lis pouonnes pou ly éveni; mais il véoit bin que ses poines ire pou ren, et pouchtant il couedcheu so chagrin. Il se retireu et dehan qu'il ne v'lait pouon maindgi de ces raisins la parce qu'il étinent co bin trop vouaches et trop aigres.

TRADUCTION.

LeRenard et les Raisins.

Un renàrd voyant au haut d'un arbre quelques grappes de raisins qui commençaient à mûrir, en voulut manger et se donna beaucoup de peine pour en avoir. Mais comme il n'y pouvait atteindre il cacha son chagrin et se retira en disant qu'il n'en voulait pas, qu'ils étaient trop verts et trop aigres. — *Surs* ou *rèches*. (a)

(a) Rèche, mot patois; Rousseau dit esprit rèche, Bernardin de St. Pierre, poires rèches. Rèche vient de réchai patois, racler. Radere latin.

CHANSONS PATOISES.

Pays d'Ajoie et Montbéliard. (a)

PATOIS.

Cu vo entendre in voilleri
Qu'a tout rempli de mente,
Sai y et in mou de véritai
Y vo bin qu'en m'y tonde
D'aivo in cisé de mouton
Quet in mantche de laine.

Y prigni met cherrue
Et mes bue chu mai tête :
Y olli errai dans in champ
Que n'aivai pé de terre
Y ai bin errai cinq cents jouena
Sans trouvai enne piere.

etc.

FRANÇAIS.

Qui veut entendre un voilleri
Tout rempli de mensonges,
S'il y a un mot de vérité
Je veux bien qu'on me tonde
Avec un ciseau de mouton
Qui a un manche de laine.

Je pris ma charrue
Et mes bœufs sur ma tête :
J'allai labourer un champ
Qui n'avait pas de terre
J'ai bien labouré cinq cents journaux
Sans trouver une pierre.

etc.

(a) L'ancienne Rauracie qui faisait partie de la Séquanie.

AUTRE.

PATOIS.

Mon père me fait baiti in tschété ;
El a petet mais el a bé,
Tout lou monde y fait l'aimour
Et moi y m'en pésse.

El a baiti chu tra corrons,
Les tra corrons y sont d'ordgent.
Tout lou monde y fait l'aimour
Et moi y m'en pésse.

El y ai enne fontaine a moitan,
Tra bourres bianches y vant baignant.
Tout lou monde y fait l'aimour
Et moi y m'en pésse, etc.

FRANÇAIS.

Mon père m'a fait bâtir un château ;
Il est petit mais il est beau,
Tout le monde y fait l'amour
Et moi je m'en passe.

Il est bâti sur trois carrons,
Les trois carrons y sont d'argent.
Tout le monde y fait l'amour
Et moi je m'en passe.

Il y a une fontaine au milieu,
Trois cannes blanches s'y baignent.
Tout le monde y fait l'amour
Et moi je m'en passe, etc.

AUTRE CHANSON.

Pays d'Ajoie. (Porrentruy.)

PATOIS.	FRANÇAIS.
Ça les filles de ché Migueli	C'est les filles de chez Migueli
Quelles san bin boire,	Qui savent bien boire,
Rintintin, tradrala;	Rintintin, tradrala;
Quelles an bin bu quinze pou (a)	Elles ont bien bu quinze pots
Ancoi enne pinte. (bis.)	Encore une pinte.
Elle an bin maindgie quinze bue grai	Elles ont bien mangé quinze bœufs gras
Ancoi enne vetche.	Encore une vache,
Rintintin, tradrala,	Rintintin, tradrala,
Elle an bin maindgie quinze pain bian,	Elles ont bien mangé quinze pains blancs,
Ancoi enne metche. (bis.)	Encore une miche.
Oh quel an bin cassai les bancs	Quelles ont bien cassé les bancs
Boyant chopine.	En buvant chopine.

(a) Pou, pot, mesure de deux pintes; le patois du Montbéliard dit *tschonne*, *Mass* allemand; hemina et cantarus latin, *Eimer* et *Kanne* allemand, d'où canette. De pot, les Romains peuvent avoir fait *potus* et *potio* boisson, *potare* boire comme de bu, part. de boire, ils ont fait *bua*, *æ*. Varron.

PATOIS.	FRANÇAIS.
Rintintin, tradrala,	Rintintin, tradrala,
Quand ce vint pou faire les comptes	Quand il fut tems de faire les comptes
Fa faire crédit. (bis.)	Il faut faire crédit.
Quelle aivin tretou de l'ordgent	Elles avaient toutes de l'argent
Mai que lai Cathrine.	Sauf la Catherine.
Rintintin, tradrala,	Rintintin, tradrala.
Prente li son godillon	Prenez-lui son godillon
Et peu sai tschemise. (bis.)	Et puis sa chemise.
Son aimant pessai poi li	Son amant passant par-là
Se mit ai rire,	Se mit à rire,
Rintintin, tradrala,	Rintintin, tradrala,
Rente-li son godillon	Rendez-lui son godillon
Et peu sai tschemise. (bis.)	Et puis sa chemise.

AUTRE.

1.

Mon emmi a bin mèlette
En grand dandgie de muri,
Ki vos aime meu mon emmi,
Ki vos aime meu moe que vi.

2.

Et me demandai des poumes
Dès poumes de mon pays ;
Moi qui ki néto pe ingrette
Y en so tollai queri ;

3.

Et quand ÿ so rèrivai
El a djévu enseveli.
Ki vos aime meu mon emmi
Ki vos aime meu moe que vi.

4.

Quand en lou meni enterrai
En on mouet puerai que ri ;
Ki vos aime atant mon emmi,
Ki vos aime meu moe que vi. etc.

CHANSON NOUVELLE.

Patois du Montbéliard.

AIR : *Il pleut, il pleut Bergère.*

1.

Et pio et pio maimie,
Retrousse tes guippons,
Boutan nos chu lai vie,
Rettroupan nôs moutons
En n'enten dje pu guère
Les ôsclots chotai,
Et crignan lou touenère
Et peu les éluzai.

2.

Ce que te vois da ci
Ça nôte chemenai ;
Et te fa dévéti
Chito que t'y seré.
Van, et su me bin vite,
Met mère et lai djudi
Et mai sô Merguerite
Sont lai pou nos œuvri.

3.

Sô, voici que lai Lise
Vin se sotchi ché nos,
Prete li tai tschemise
Tes tschasses et tes sobots.
Elle a toute moillie,
Eppoutche lou pelai ;
Y ferai moi pou lie
Enne boine fuelai.

4.

Se te né dje pu sôle
Lise et te fa dermi ;
Te sais ki te récole
Et ki so ton emmi.
Y te prouma mai chiere
Ki vierai da demain
Priyie tai veille mére
De me beillie tai main.

Patois de Franche-Comté (Besançon).

Ce morceau est tiré d'un sermon patois, imprimé chez Deckherr à Montbéliard; ce patois diffère peu de ceux d'Alsace et de Lorraine, comme on peut s'en convaincre en les confrontant.

Aicrepissans - nous donc dessous lai main toute - puissante di bon Due, levant les œuilles et las mains vé lou Cie, pou tirie lou gotoillot de sai miséricoudhe et disan li di pu proufond de noute cue : Seigneur, nous sont empaturie dans lai misère et nous sont dans las souffrances jeusqu'au coue. Main çot bin fa. Nous mériterins qu'on noustue pou nous aipanre ai vivre. Nous sont tous coupables, tous criminels, nous en tretous moudiu dans lai poume d'Adam ; nous sont des chaidions trésis dans las ombres de l'iniquita, etc.

Fléchissons donc les genoux sous la main toute-puissante de Dieu; levons les yeux et les mains vers le Ciel pour obtenir sa miséricorde et disons-lui du plus profond de notre cœur : Seigneur, nous sommes tous enfoncés dans la misère, nous sommes dans la douleur jusqu'au cou ; mais c'est à juste titre. Nous mériterions qu'on nous tuât pour nous apprendre à vivre. Nous sommes tous coupables, tous criminels, nous avons tous mordu dans la pomme d'Adam. Nous sommes des chardons crûs dans les ténèbres du péché. etc.

Patois de Besançon.

Dialogue entre *Pierrotte* et *Jaicotte*, composé en 1725 à l'occasion des pluies, tiré d'un recueil de Noëls anciens.

JAICOTTE.

I ploue si foue que tout raigourge
Et que chaique melin s'engourge ;
On ne peut mouere, on ôt poudhu.
Quau melin on pouthe sai graine
On revint sans aivoi moulu
Ne pouere queute de fairenne.

PIERROTTE.

Vous ètes de l'esprit coumare ;
Mais sçate vous ce qui faut fare ?
Ollan toutes doues au moutie,
Pendant qu'on dirai lai grand Messe
Ai genoux i nous faurai prie
Lou bon Jésus que ce tems cesse.

I crayait qui li devroue dire
Que nous nan pas envie de rire,
Que noues chenoves sont poudhus ;
Que noue maris nous chantan pouille
Et nous disan qu'on ne voit pu
Que das aitoupes en noue quenouilles. Etc.

Patois des Vosges.

Fragment d'un Cantique de Noël.

Ce morceau est tiré d'un recueil de Cantiques imprimé à Nancy chez Leseure Gervois en 1801.

Epinal et Nancy.	*Montbéliard.*
Enne jeune baisselle	Enne djuene guechotte
De boin paran	De bons poirans
Que fut toujou pucelle	Que fut todje pucelle
En sa viquant,	En son viquant,
Dehan in jou	Diant in djou
Ses patenot et set chambe	Ses priieres dans set chambre
Vit in eindge deshante	Voiyi in aindge descendre
De let pai de note Cheignou.	De lai pai de nôte Signeur.
L'eindge piein de louquance	L'aindge piein de loquence
Fat compliment	Fait compliement
Evou lai reverance	Aivo lai reverance
Mou imblement,	Bin humblement,
Dehan boinjou	Diant bondjou
Mère pieine de grace	Mère pienne de grace
Dée que vint en voute race	Due que vint en vote race
So toujou aivou vous.	Set todje aivo vo.
Lou tems des Proufétie	Lou tems des profétics
At escompli	At eccompli
Ca vassi lou Messie	Car voici lou Messie
Cato preumi, etc.	Qu'était proumis, etc.

Patois Bourguignon.

Le patois bourguignon, quoiqu'ayant beaucoup de ressemblance avec le nôtre, se rapproche déjà pour la prononciation de celui du Midi. Je me contenterai de donner ici une petite pièce tirée des Noëls bourguignons. C'est à Dieu qu'on parle.

Bourguignon.	*Montbéliard.*
Vo troqué le séjor des ainge	Vo trouquai lou séjou des andges
An porquoi? ça ampor enne grainge	Et pourquoi? ça pou enne grandge,
Le troc at étrainge!	Lou troc at étrandge.
Vos étein si ben ai vote aise;	Vos étin chi bin ai vote aise;
On n'a pa ché no	En a pé ché nos
Bea Dei ne vo déplaise	Bé Due ne vo dépiaise
Aussi bé qu'on a ché vo.	Achi bin qu'en a ché vo.

TRADUCTION.

Vous troquez le séjour des anges
Pourquoi? c'est contre une grange;
Le troc est étrange!
Vous étiez si bien à votre aise.
On n'est pas chez nous
Beau Dieu ne vous déplaise,
Aussi bien qu'on est chez vous. (a)

(a) Vid. Oberlin, page 61.

Provençal et Gascon.

Jantiz pastourelets, que desoutz les ombrètes
Sentés abasima lou calima del jour,
Entre que lous ausels per saluda l'amour
Enflon le gargaillot de mille cansonnettes.
(Gondouli.)

TRADUCTION LIBRE.

Gentils bergers qui sous l'ombrage
Sentez fuir la chaleur du jour,
Sachez que pour chanter l'amour
L'oiseau soupire un doux ramage.

Gazouillatz auzelets à l'ombre del fuliadge
Kan boutz fiulatz, moun cor ez encanta;
Entendi bé ké din bostre lengadge
Boutz célébratz la liberta:

TRADUCTION.

Gazouillez oiselets à l'ombre du feuillage
Quand vous sifflez, mon cœur est enchanté;
Je comprends bien que, dans votre langage,
Vous célébrez la liberté.

Patois du Midi.

Vous disiaz bergerette
Quamour ere un enfan,
Quaye dune cansonnette
L'amuseriaz un an.
Toutako soun sournette
L'amuseriaz par tant,
Vei lou vezez que tète
Demain lou veyrez grand.

Patois du Montbéliard.

Vo dites bergerette
Quaimour a tin effant,
Quaivo enne chansonnette
Vo l'aimus'ri in an;
Couci n'a que sornette
Vo n'laimus'rai pe tant,
Vo lou voites quetète (tosse)
Demain et sere grand.

TRADUCTION.

Vous dites Bergerette
Qu'amour est un enfant;
Et qu'une chansonnette
Peut l'amuser un an.
Ceci n'est que sornette;
Quoi? l'amuser autant!
Aujourd'hui l'enfant tette
Et demain il est grand.

Pour ne point remplir exclusivement cet ouvrage de poésies patoises, peut-être me saura-t-on gré d'insérer ici, par forme de délassement, une chanson française de ma composition, car encore nous occupons-nous aussi de cette langue dans ses rapports avec la latine et la patoise. Nos paysans, en la comparant à leur idiôme, pourront, si toutefois ils la trouvent de leur goût, en faire l'usage qui leur conviendra le mieux.

CHANSON FRANÇAISE.

Vous êtes triste et rêveuse;
Quand vous devriez être heureuse
Vous soupirez seulement:
Dites-moi, belle pleureuse,
Ce qui fait votre tourment?

Si mon discours est trop tendre,
Vous feignez ne pas l'entendre;
Et dans vos distractions

Vos beaux yeux viennent m'apprendre
Toutes vos afflictions.

Que votre sort est à plaindre,
Que votre état est à craindre,
On ne peut le fuir assez;
Ah ! si je pouvais éteindre
Les feux que vous nourrissez !

Voulez-vous toujours, Estelle,
A mes vœux être rebelle
Et profaner vos appas ?
Mais amoureuse et cruelle
Cela ne se comprend pas.

Oui la volupté repose
Sur votre bouche mi-close :
Et je ne puis la saisir ;
Je désire... mais je n'ose
Vous causer un déplaisir.

Le seul bien que je réclame
Sans doute agite votre ame
Comme j'en suis agité ;
Mêmes désirs, même flamme,
Et point de réalité.

Peut-être un jour corrigée
Peut-être moins affligée
Vous ferez tréve au souci ;
Mais quand vous serez changée
Dites, le serai-je aussi ?

Nous avons déjà vu et nous verrons encore que la langue française telle qu'on l'a parlée et qu'on la parle aujourd'hui, a toujours été distincte de la langue romane et que c'est mal-à-propos qu'on a soutenu que cette langue française lui devait son origine. Ce roman ne se parlait qu'en Provence et dans le Midi. Dans cette portion des Gaules conquise par les Romains un siècle plutôt que les autres provinces gauloises dont César fait l'énumération, c'est-à-dire l'an de Rome 635, et restée plus long-tems sous leur domination. Car remarquez que César ne comprend pas dans sa division la Gaule Narbonaise, l'ancienne Septimanie renfermée entre les Alpes, la mer et le Rhône. Voici un échantillon des langues française et romane vers la fin du 13.ᵉ siècle.

Langue française.

Ci commenche li livres des coustumes et des usages des Biauvoisins selonc ce qu'il courait au tans que cist livres fut fez, c'est assavoir en 1283.

C'est li prologues.

La grant espérance que nous avons de l'aide à cheli par qui toutes choses sont fètes et sans qui nulle bonne œuvre ne pourrait estre fète, che est li père et li fies et li sains esperiz.

Langue romane.	*Traduction latine.*
So es assaber que per nos et nostres successors non sya faita en ladita villa talha o questa o alberjada, ni empruntarem à qui meymes, si non de grat à nos prestar voliont l'habitant en questa meyma villa.	Videlicet quod per nos vel successores nostros non fiat in dicta villa, talia sive questa vel albergata (a) nec recipiemus ibidem mutuum nisi gratis nobis mutuare voluerint habitantes in eadem villa.

Ce morceau est de 1270 et se lit dans les coutumes données à Riom par Alphonse, comte de Poitou, frère de saint Louis. Voyez Lacombe dans la préface. La phisionomie de ces deux morceaux suffit pour faire voir non seulement la différence de la langue à cette époque, mais encore sa co-relation avec le patois, patois qui, comme on le voit, ressemble bien plus par son génie et par ses mots à la langue française qu'à la romane, laquelle après tout, et à quelques exceptions près, n'est que l'ancienne langue gallicane latinisée.

Le patois ou gallican n'avait aucune des ressources qui servent à conserver une langue; ainsi malgré le goût que saint Jérôme suppose aux Gaulois pour l'éloquence, il est certain qu'ils n'ont laissé aucun ouvrage écrit. On ne

(a) Collecte pour secourir les grêlés.

peut donc comparer la langue romane seule écrite en France dans le moyen âge qu'à l'ancien patois actuellement parlé et au français des 12.ᵉ et 13.ᵉ siècles. Si le patois s'est écrit à une époque très-reculée, on ne pourrait le retrouver que sur d'anciens monumens enfouis, et reproduit avec des caractères grecs; (a) car César dit en parlant de la discipline des Druides: *Neque fas existimant ea litteris mandare*,

(a) De savans hellénistes ont cherché à déchifrer ou interpréter les inscriptions de deux tombes qui existent à Mandeure, dans un rez-de-chaussée de la maison qu'habite aujourd'hui Mr. Videlange. Toutes deux sont couvertes de caractères grecs. J'aimerais à croire que sous le masque de ces caractères elles recèlent des mots de l'ancienne langue nationale, je veux dire notre patois. Je n'ai pas eu le tems de vérifier cette conjecture; mais c'est un avis que je donne aux savans et un fait qu'on pourra éclaircir plus tard. Ceci peut concerner d'autres inscriptions réputées jusqu'à présent indéchiffrables. — Mandeure existait sans doute comme ville gauloise bien des siècles avant la conquête des Romains. On y a découvert, cette année, un seuil de porte tellement usé et cintré par le frottement, que dix siècles auraient à peine suffi pour que les pas des hommes eussent pu produire cet effet. Et nous savons que Mandeure n'a été que quatre à cinq siècles sous la domination romaine; je ne fais aucun doute qu'elle n'ait été détruite par Atilla.

cum in reliquis fere rebus, publicis privatis que rationibus, græcis litteris utantur. (a)

Une observation essentielle à faire sur les échantillons de patois que nous avons offerts à la curiosité, c'est que ce langage n'ayant jamais été cultivé ni soumis à aucunes règles fixes, et que la prononciation s'accordant difficilement avec la langue écrite, il est impossible d'avoir rendu nos mots patois notés, de façon à répondre aux articulations de la parole; car il est de fait que beaucoup de mots ne peuvent être prononcés que par ceux qui y ont été habitués dès l'enfance.

Combien de ces articulations qui forment le

(a) Si l'on me reproche de n'avoir pas donné à l'appui de mon opinion, un plus grand nombre de pièces de comparaison prises dans les différens dialectes patois des lieux que j'ai désignés, ainsi que des échantillons de la même langue se rapportant à des époques plus ou moins éloignées les unes des autres, afin d'établir l'immutabilité de cette langue et sa co-rélation avec la latine, je répondrai que ce n'est pas ma faute; beaucoup de mes lettres étant restées sans réponse par l'incurie ou l'insouciance des personnes à qui je m'étais adressé. Au surplus je crois que ces petites pièces suffiront, chacun ayant la facilité de se procurer en patois ce ce qui lui plaira pour établir sa conviction ou satisfaire sa curiosité à l'aide des raisonnemens que j'ai faits et des documens que je crois avoir rassemblés.

commencement des mots, sont communes au patois et à l'allemand comme les *sch*, les *tch*, les *dg*, les *quetsch* et d'autres émissions de voix équivalentes, toutes impossibles à exprimer exactement au moyen des signes que la langue française exigerait pour cela, mais enfin que le patois écrit réclamera toujours, comme par exemple : *D'jai to pien mon saitcho d'chai dchait sotche.* J'ai tout plein mon sac de chair de chat sèche. Ou *vai queri des tscho dans lou quetchi ;* va chercher des choux au jardin.

Je n'entrerai dans aucuns détails de grammaire sur cette langue, qui ressemble parfaitement au français par son génie, qui n'a point d'inversions, point de déclinaisons dans ses noms, mais bien des articles, des pronoms devant ses verbes, des *e* muets, etc. Une seule observation que je ferai, c'est qu'on y trouve cinq conjugaisons différentes, dont l'une finit en *ai* : comme *aimai*, aimer; *felai*, filer; la seconde en *i*, comme *chetti*, flatter; *égréli*, ébarouïr. La troisième en *re*, comme *vivre*, *boire.* Une quatrième en *ie*, comme *soyie*, faucher; *tirie*, tirer; enfin une cinquième en *oi*, comme *concevoi*, *aivoi*, concevoir, avoir.

Maintenant que nous croyons avoir rendu

plausible une opinion paradoxale en apparence, savoir que la langue française tenait son génie et la plus grande partie de ses mots de l'ancienne langue gallicane qui n'était autre chose que notre patois, patois qui s'est conservé dans les communes rurales de l'ancienne Séquanie, je dois répondre à une observation qui peut paraître spécieuse, mais qui disparaîtra à l'aide des explications prémises.

Pourquoi, dira-t-on, si la langue française ne doit rien à la langue latine, les Français lui ont-ils emprunté leur orthographe et s'y conforment-ils au risque de passer pour des ignorans? Nous savons que la langue latine, jusqu'aux 12.e et 13.e siècles, était la seule employée par les clercs et par les laïques pour le redressement des torts des fidèles et pour leur édification; que tout s'écrivait en latin, et comme on croyait que le français avait pour père ce latin, sans soupçonner qu'ils étaient fils l'un et l'autre de notre patois, qu'il répugnait même de croire que ce latin fut originaire des Gaules, on a cru devoir conserver dans l'écriture une orthographe, dont au reste on a fait depuis long-tems justice en la ramenant insensiblement à la prononciation, comme on s'en convaincra en comparant la manière d'écrire de nos pères dans les 15.e et 16.e siècles, avec celle consacrée par l'académie et par nos plus célèbres auteurs.

Où les Romains, demandera-t-on encore, ont-ils pris leur prosodie? Si leur langue est originaire des Gaules, elle doit avoir au moins retenu, en partie, le génie de cette langue gallicane, et nous voyons au contraire que ces langues ne se ressemblent que par les mots et non point par un caractère fixe et uniforme. Nous n'avons pas prétendu que le latin fut en totalité dérivé de notre patois, puisqu'il doit d'après nos observations, beaucoup à l'allemand, et aux idiômes de l'Italie au tems de la fondation de Rome. Cette langue latine a donc été combinée du génie des différens langages qui ont présidé à sa formation. Les Latins eux-mêmes l'ont ensuite calquée sur leur propre goût, sur leur génie national, sur l'influence que le climat exerçait sur eux, et il n'y a rien d'étonnant qu'ils se soient fait une prosodie, un rithme musical et accentué, étranger au langage dont cette langue latine dérivait. Les Grecs étaient pour eux un modèle à suivre; ils les ont copiés et imités, et se sont accoutumés à une prosodie étrangère au patois dont nous parlons, quoique à la vérité ce patois ait, comme les Français de la Franche-Comté peuvent s'en appercevoir, en comparant leur long parler à celui des provinces méridionales une prononciation lente, mélancolique et musicale. (a)

Si la langue sur laquelle nous avons déjà tant raisonné n'a jamais fait de bruit, si sa littérature ne s'est point améliorée ni polie depuis des milliers d'années, c'est qu'elle n'a eu ni grammairiens, ni écrivains, ni académiciens et que les peuples qui la parlaient se sont occupés d'agir plutôt que de réfléchir et de discuter; que dès-lors, les révolutions successives qui ont agité et déplacé ces peuples, ne leur ont pas permis de s'occuper d'arts libéraux et de se donner, d'une façon ou d'une autre, une littérature exclusive.

Nous avons vu en outre, que les Gaulois ne pouvaient consigner par écrit leurs dogmes religieux; que pour leurs autres besoins, ils se sont servis premièrement de caractères grecs,

(a) Je me rappelle toujours avec plaisir l'expression musicale et animée avec laquelle les jeunes filles de Bethoncourt et des environs venaient à Montbéliard tous les matins du printems, *lou petchi fo*, annoncer la vente de leurs cramaiyots ou cramêliots, *chicorée sauvage*.

ensuite de la langue latine, et que c'est comme par miracle qu'ils ont conservé le jargon patois dont ils font usage ; jargon qui aurait pu être anéanti avec le peuple qui le parle, mais enfin qui s'est conservé comme nous l'avons vu, depuis bien des siècles jusqu'à nos jours. Toutefois nous avons prouvé que les ancêtres des Paul Emile, des Régulus, des Gracques et des Catons ont eu des parens et des concitoyens dans les Gaules ; et que si les Gaulois n'ont pas laissé des modèles d'éloquence dans leur langue, ni fait fleurir les arts comme les Romains, au moins ils ont été leurs dignes rivaux par leur courage et leur valeur.

Je pense qu'après la publication de cet opuscule, personne ne sera tenté de faire de nouvelles recherches sur une langue que nous avons envisagée comme mère de toutes celles qui ne doivent leur origine ni à la celtique ni à la theutone, et qu'on sera satisfait de la peine que nous nous sommes donnée sur un sujet qui sans doute ne prêtera pas à des investigations plus profondes et qui ne rencontrera pas d'amateurs plus zélés et peut-être plus compétens que nous. Voilà pourquoi il a paru intéressant de consigner dès à présent, par écrit, les observations que nous avons faites sur le langage de nos ancêtres, observations que nous offons comme un fanal qui en éclairera l'origine à une distance très-reculée et qui le fera reconnaître et apprécier long-tems dans les pays où il se parle, soit qu'il s'y perpétue, soit qu'il y éprouve des variations ou des révolutions nécessitées par son contact avec la langue française, généralement répandue dans toutes les classes de la société, et dans tous les villages des pays patois ; de sorte que nous pouvons dire avec raison de nos campaguards :

» Leur antique langage a fatigué le tems !

FIN.

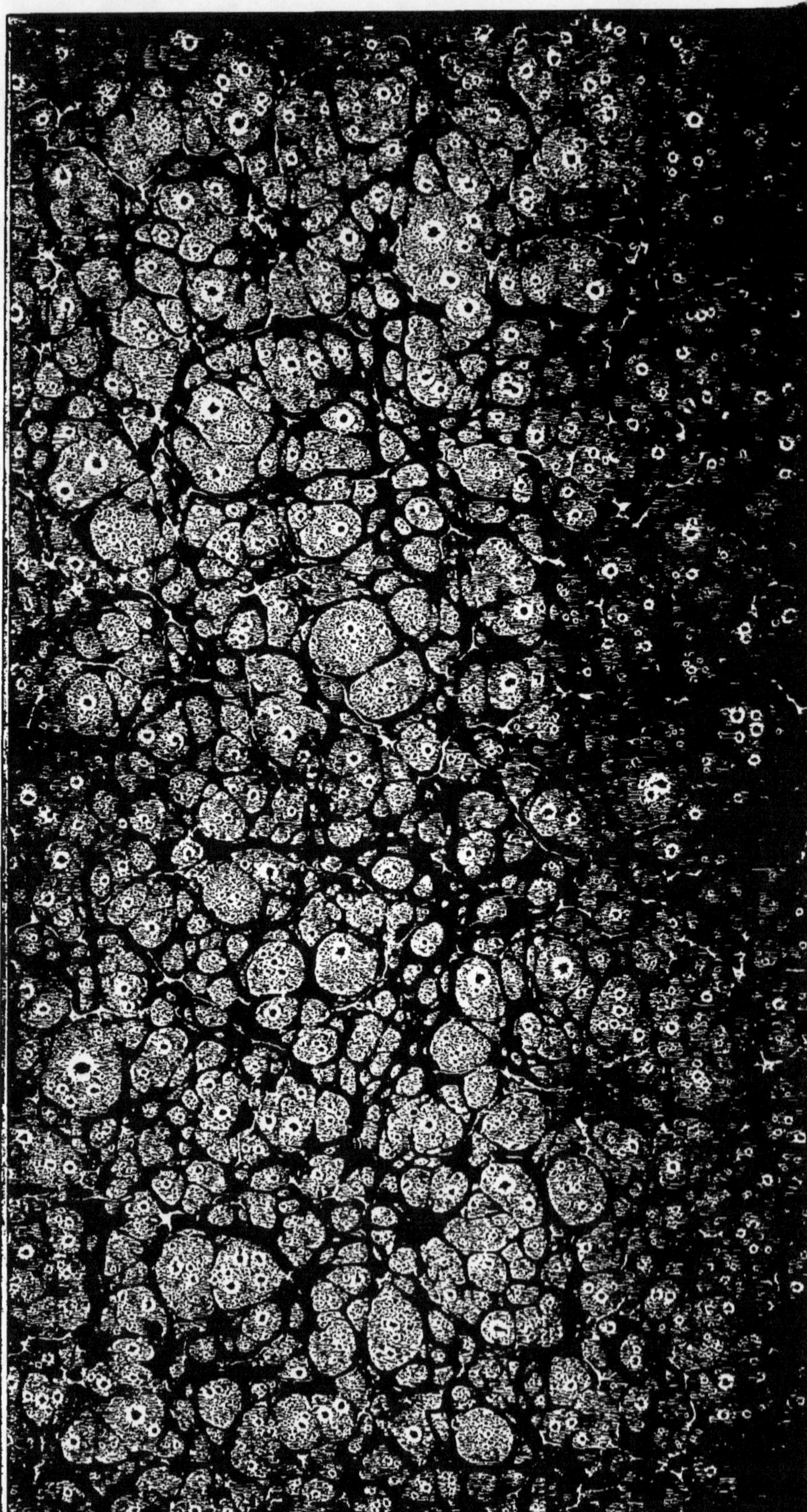

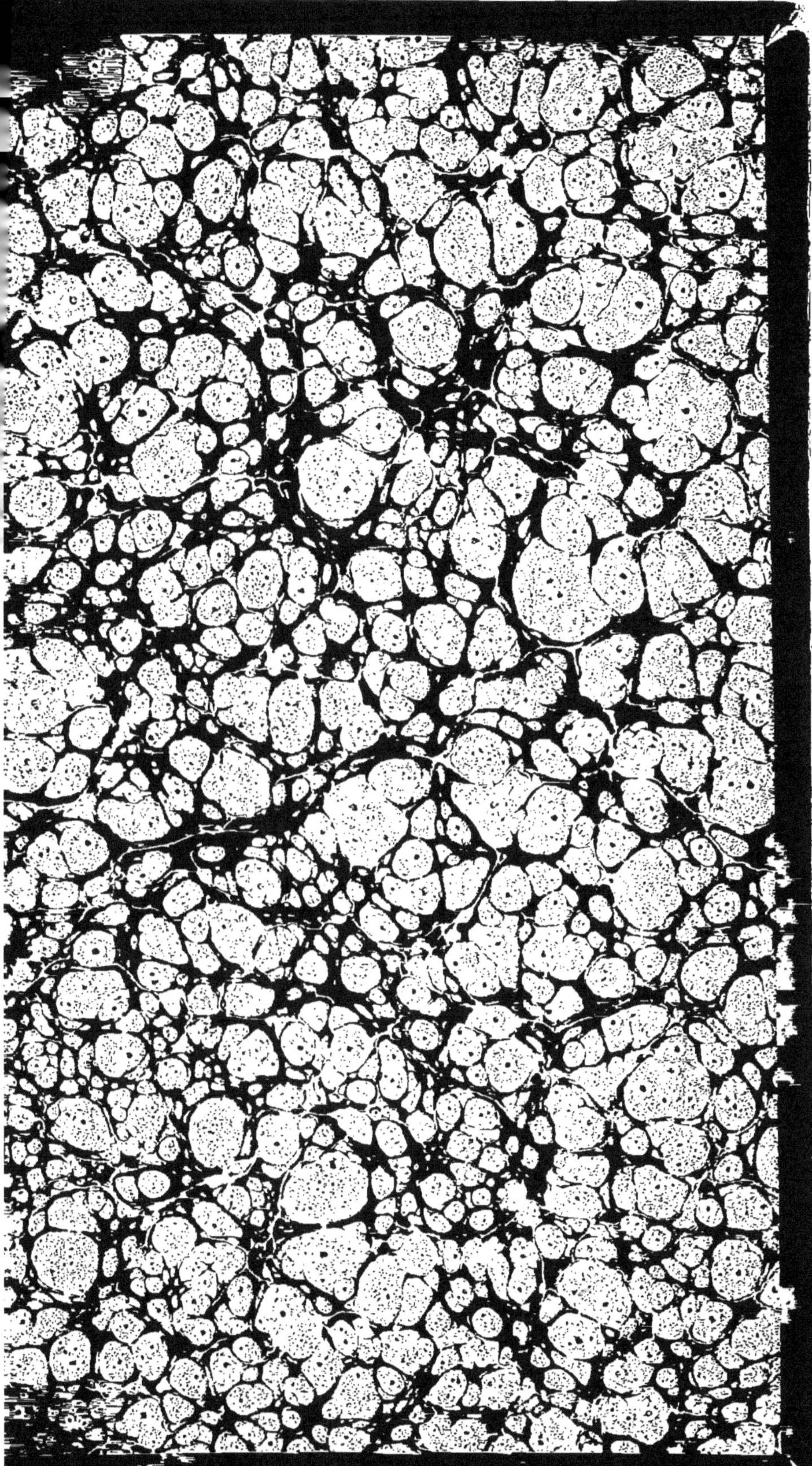

www.ingramcontent.com/pod-product-compliance
Lightning Source LLC
Chambersburg PA
CBHW052102090426
42739CB00010B/2282

9782012188303